福建教育学院资助出版

"福建省'十三五'中小学名师名校长培养工程丛书"编委会

（福建教育学院培养基地）

丛书主编：郭春芳

副 主 编：赵崇铁　朱　敏

编 委 会：（按姓氏笔画排序）

　　　　　于文安　杨文新　范光基　林　藩　曾广林

名校长卷

主　　编：于文安

副 主 编：简占东

编　　委：陈　曦　林文瑞　林　宇

名师卷

主　　编：林　藩

副 主 编：范光基

编　　委：陈秀鸿　唐　熙　丛　敏　柳碧莲

福建省"十三五"名师丛书

信息技术教育：
学生信息技术核心素养培育

林贵台　　◎ 著

厦门大学出版社
XIAMEN UNIVERSITY PRESS

国家一级出版社
全国百佳图书出版单位

图书在版编目（CIP）数据

信息技术教育:学生信息技术核心素养培育/林贵台著.--厦门:厦门大学出版社,2021.6(2025.8重印)

（福建省"十三五"名师丛书/郭春芳主编）

ISBN 978-7-5615-8232-9

Ⅰ.①信⋯　Ⅱ.①林⋯　Ⅲ.①计算机课-教学研究-中学　Ⅳ.①G633.672

中国国家版本馆CIP数据核字(2021)第102310号

责任编辑　李峰伟
封面设计　拙　均
技术编辑　许克华

出版发行　厦门大学出版社

社　　址　厦门市软件园二期望海路 39 号
邮政编码　361008
总　　机　0592-2181111　0592-2181406(传真)
营销中心　0592-2184458　0592-2181365
网　　址　http://www.xmupress.com
邮　　箱　xmup@xmupress.com
印　　刷　厦门集大印刷有限公司

开本　787 mm×1 092 mm　1/16
印张　10.25
插页　2
字数　200 千字
版次　2021 年 6 月第 1 版
印次　2025 年 8 月第 2 次印刷
定价　58.00 元

厦门大学出版社
微信二维码

厦门大学出版社
微博二维码

◎ 总 序

　　"百年大计,教育为本;教育大计,教师为本。"教师队伍建设是教育质量提升的关键。2018年,中共中央、国务院印发《关于全面深化新时代教师队伍建设改革的意见》,吹响了新时代教师队伍建设改革的集结号,提出教师队伍建设改革的目标是"到2035年,教师综合素质、专业化水平和创新能力大幅提升,培养造就数以百万计的骨干教师、数以十万计的卓越教师、数以万计的教育家型教师"。福建省委、省政府牢记习近平总书记"福建没有理由不把教育办好"的殷切嘱托,以高度责任感、使命感,坚持教育优先发展,始终将建设一支师德高尚、业务精湛、结构合理、充满活力的高素质专业化教师队伍作为基础工作,出台了一系列政策措施,激发广大教师投身教育综合改革的积极性、主动性、创造性。福建省教育厅为打造基础教育高层次领军人才队伍,实施"强师工程"核心项目——中小学名师名校长培养工程,旨在培养一批在省内外享有盛誉的名师名校长,促进我省教育高质量发展。

　　"十三五"期间,福建教育事业紧紧围绕"新时代新福建"发展战略,坚定不移走以提升质量为核心的内涵发展之路,着力推动规模、质量和效益的协调发展,努力让教育改革发展成果更多地惠及民生,让人民群众有更多的获得感。2017年,省教育厅会同财政厅启动实施了"十三五"中小学名师名校长培养工程,在全省遴选培养100名名校(园)长、培训1000名名校(园)长后备人选、100名教学名师和1000名学科教学带头人。通过全方位、多元化的综合培养,造就一批师德境界高远、政治立场坚定、理论素养深厚、教学能力突出(治校能力突出)、教学风格鲜明(办学业绩卓越)、教育视野宽阔、富有开拓创新精神、在省内外有较大影响力的名师名校长，为培育闽派教育家型校长和闽派名师奠定基础，带动和引领全省中小学教师队伍建设，为推进我省基础教育优质均衡发展、办好人民满意教育，为"再上新台阶、建设新福建"提供有力的人才保障。

为扎实推进福建省"十三五"中小学名师名校长培养工程，保障实现预期培养目标，福建教育学院作为本次名师名校长培养工程的主要承担单位，自接到任务起，就精心研制培养方案，系统建构培训课程，择优组建导师团队，不断创新培养方式，努力做好服务管理，积极探索符合名师名校长成长规律的培养路径，确保名师名校长培养培训任务高质量完成，助力全省名师名校长健康成长，努力将培养工程打造成全省乃至全国基础教育高端人才培养示范性项目。

在培养过程中，我们从国家战略需求、学校发展需求和教师岗位需求出发，积极探索实践以"五个突出"为培养导向，以"四双""五化"为培养模式的基础教育高端人才培养路径。其中"五个突出"：一是突出培养总目标。准确把握目标定位，所有培养工作紧紧围绕打造教育家型名师名校长而努力。二是突出培养主题任务。2017年重点搞好"基础性研修"，2018年重点突出"实践性研修"，2019年重点突出"个性化研修"，2020年重点抓好"辐射性研修"。三是突出凝练教学主张（办学思想）。引导培养对象对自身教学实践经验（办学治校实践）进行总结、提炼、升华，用先进科学理论加以审视、反思、解析，逐步凝练形成富含思想和实践价值、具有鲜明个性的教学主张（办学思想）。四是突出培养人选的影响力与显示度。组织参加高端学术活动，参与送培送教、定点帮扶服务活动，扩大名师名校长影响。五是突出研究成果生成。坚持研训一体，力促培养人选出好成果，出高水平的成果。

"四双"：一是双基地培养。以福建教育学院为主基地，联合省外高校、知名教师研修机构开展联合培养、高端研修、观摩学习。二是双导师指导。按照理论联系实际原则，为每位培养人选配备学术和实践双导师。三是双渠道交流。参加省内外及境外高端学术交流活动，积极承办高水平的教学研讨活动，了解教育前沿情况，追踪改革发展趋势。四是双岗位示范。培养人选立足本校教学岗位，同时到培训实践基地见学实践、参加送培（教）活动。

"五化"：一是体系化培养。形成"需求分析—目标确定—方案设计—组织实施—效果评估"的培养链路，提高培养专业化、精细化、科学化水平。二是高端化培养。重视搭建高端研修平台，采取组织培养人选到全国名校跟岗学习、参加国内高层次学术会议和高峰论坛、承担省级师训干训教学任务等形式，引领推动名师名校长快速成长。三是主题化培养。每次集中研修，都做到主题鲜明、内容聚焦，坚持问题导向和结果导向，努力提升培养的针对性和实效性。四是课题化培养。组织培养对象人人开展高级别课题研究，以提升理性思维、学术素养和科研水平，实现从知识传授型向研究型、从经验型向专家型的转变。五是个性化培养。坚持把凝练教学主张（办学思想）作为个性化培养的核心抓手，引导培养人选提炼形成系统的、深刻的、清晰的教育教学"个人理论"。

通过三年来的艰苦努力，名师名校长培养工作取得了显著成效，积累了丰硕成果，达到了预期目标。名校长培养人选队伍立志有为、立德高远的教育胸襟进一步树立，办学理念、政策水平和管理能力进一步提升，立功存范、立论树典的实践引领能力进一步提高，努力实现名在信念坚定、名在思想引领、名在实践创新、名在社会担当。名师培养人选坚持德育为先、育人第一的教育思想进一步树立，教书育人责任感、使命感和团队精神进一步强化，教育理论素养进一步提升，先进教育理念进一步彰显，教育教学实践和创新能力进一步增强，独特教学风格和教学主张逐步形成，教育科研和教学实践均取得了丰硕成果。一是专项研究深。围绕教学主张或教学模式出版了38部专著。二是成果级别高。84位名校长人选主持课题130项，其中国家级6项；发表CN论文239篇，其中核心16篇；53位名师培养人选主持省厅级及以上课题108项，其中国家级7项；发表CN论文261篇，其中核心81篇。三是奖项层次高。3位获2018年教育部基础教育国家级教学成果奖二等奖；15人获得2017年、2018年福建省基础教育教学成果奖，其中特等奖3位、一等奖7位、二等奖5位；1位评上国家级"万人计划"教学名师；34位培养人选评上正高级职称教师；13位获"特级教师"称号；2位获"福建省优秀教师"称号。四是辐射引领广。开设市级及以上公开课、示范课203节；开设市级及以上专题讲座696场；参加长汀帮扶等"送培下乡"活动239场次；指导培养青年骨干教师442人。

教育是心灵的沟通，灵魂的交融，思想的碰撞，人格的对话，名师名校长应该成为教育的思想者。在我省名师名校长培养对象即将完成培养期时,福建教育学院培养基地组织他们把自己的教学(办学)思想以著作的形式呈现给大家,并资助出版了"福建省'十三五'名校长丛书""福建省'十三五'名师丛书",目的就是要引领我省中小学教师进一步探究教育教学本质,引领我省中小学校长进一步探究办学治校的规律,使名师名校长培养对象成为新时代引领我省教师奋进的航标,成为办人民满意教育的先行者。结束,是下一阶段旅程的开始,希望我省名师名校长培养对象不忘立德树人初心,牢记为党育人、为国育才使命,积极投身新时代新福建建设,为福建教育高质量发展再建新功。是为序。

福建教育学院党委书记、教授、博士

郭春芳

2020 年 8 月

序

新时代信息技术学科新使命

普通高中信息技术课程是在操作技能课的基础上发展而来的,学生通过学习信息技术基本知识,了解信息技术基本政策,从而具备计算机操作、资料查询、网络传播、媒体制作等基本能力。但是新课程改革后,信息技术课程成了一门全新的课程,已由原来单一的技能训练转向全面的信息素养培育,因此教学必须实现从教学理念到教学方式方法的变革与转型,争取在原有教学模式的基础上各方面有合理的创新。

2016年9月,教育部对《普通高中信息技术课程标准(修订稿)》进行征求意见。2017年年底,教育部发布《普通高中信息技术课程标准(2017年版)》,明确指出:普通高中信息技术课程是一门旨在全面提升学生信息素养,帮助学生掌握信息技术基础知识与技能、增强信息意识、发展计算思维、提高数字化学习与创新能力、树立正确的信息社会价值观和责任感的基础课程。同时,课程标准明确了高中信息技术课程的学科大概念——数据、算法、信息系统和信息社会;界定了信息技术学科的核心素养要素——信息意识、计算思维、数字化学习与创新、信息社会责任,要求把信息技术作为支持学生终身学习和合作学习的手段,为学生适应信息社会的学习、工作和生活打下必要的基础。

《普通高中信息技术课程标准(2017年版)》与《普通高中信息技术课程标准(2003实验版)》相比,从内容的广度、深度到知识的层次结构都发生了很大的变化,不仅融入了许多信息技术的前沿技术,而且对学生信息处理能力提出了更高要求。可以说,信息技术是新一轮高中课程改革中内容和结构变化最大的学科之一,是对信息技术课程的重建。融入了大数据、人工智能、移动应用、3D打印、数据结构和开源软硬件等内容的信息技术学科，是以培养学生实践能力、创新能力为主的学科，在教学活动实施过程中注重基本原理的科学性，以及教学活动实践体验活动的可操作性、选择性和适宜性。不管是教师的教还是学生的学，都充满挑战过程。在信息技术学科全面实施新课程方案、新课标、新教材的同时，应认真学习、深入研究和深刻领会信息技术核心素养与课程标准的基本内涵。

教学理念、教学价值、教学主导重新定义。为了与学科核心素养进行对接，构成学科核心素养要素的能力、品格、价值，只有通过改革教学策略、教学设计才能达成。

在这种背景下，林贵台提出了信息技术教学新模式，即导演项目教学：导向式启发课堂，演播式项目学习。导演项目教学法突破了传统的知识传授型教学方式，把传统的"教""学"关系改变成"导""演"关系，即"教师为导演""学生为演员"的教学模式。"导"是手段，"演"才是目的。导演教学不仅侧重认知能力的培养，还兼顾了情感教学，引导学生在导演项目学习活动中掌握技术应用背后的原理和思想方法，理解人、信息技术与社会的关系。同时，鼓励学生运用数字化学习工具开展自主学习、协同工作与知识分享。导演项目教学法围绕课程目标的落实，转变过去信息技术教学偏重"知识型"和"技能型"内容学习的做法，结合信息技术学科特点，谨慎选择、组织教材内容，精心设计项目教学活动。聚焦学生对学科大概念的掌握，加强对学生学科核心素养的培养和评价，提高学生参与信息社会的责任感与行为能力，切实培养具备较高信息素养的中国公民。

"导演项目课堂"提出的教学目标是"一达两应"：一个达成——通过三维目标达成核心素质；两个对应——第一个对应指将三维目标中的知识技能、过程方法与核心素养中的能力对应，第二个对应指将三维目标中的情感态度、价值观与核心素养中的品格对应。以信息技术为例，正如专家所言："信息素养是后天培养出来的，与知识、技能、能力没有太大的关联，很多有能力的人，没有信息素养。"有了信息素养，人可在信息时代生存，人的大脑就不会被有害信息盘踞。这是我们课程、教学希望能达成的育人目的。

导演项目教学课堂创设了学科活动场所。信息核心素养课程知识是不会变成能力的，只有提供学科活动场所，通过项目式导演课堂展现出来，通过学科活动获得教育，立足学会，激发兴趣，培养能力，形成智慧，达成素养，是新一轮课程改革中教与学的全新课型。

导演项目教学引进了工程思维，把学生引向创客教育。基于信息技术自身的特点,信息技术在改变教与学结构方面有明显的优势,通过信息技术可以培养出跨学科、动手分析等全面的综合能力,这是工程思维所提倡的,也是目前创客教育所提倡的。

导演项目教学,以学生为本,强调学习以学生为主,提供活动空间,把课堂让给学生,把讲台让给学生,从中可对学生项目学习进行过程性评价。

教的变革:教师从教到导。导演课堂教学模式,是以教师为突破口,以教师为向导的课堂教学模式,是以教师为辅导、以信息技术为支撑而建构成的课堂教学,是一种全新的学科项目教学活动。教师在信息技术课堂教学中,将新课程元素与信息技术关联起来,从信息技术融合应用到信息技术创新应用,提高了教师的信息素养。对教师来说,信息技术的教学过程是一个挑战过程。第一个挑战是在新一轮课程改革中,要积极投入到课程改革实践中,不断探索教学方式。第二个挑战是在教育信息化不断整体推进中,自己不断学习信息技术。

学的变革:学生从学到演。导演课堂教学模式,是以学生为突破口,以学生为角色的课堂教学模式,是以学生为主体,使学生在这自由发展的广阔空间导演课堂上,学生不只是在知识、技能这个层面上,应当向能力、品格层面上跳跃,从而培育并提高学生的信息素养。对学生来说,信息技术的学习过程应成为学生充满快乐体验、充满探究挑战的人生经历。

这是《普通高中信息技术课程标准(2003 实验版)》新课程改革倡导的技术信息素养的综合体现,也是《普通高中信息技术课程标准(2017 年版)》新课程改革倡导的核心素养的综合体现。这就是新时代教育信息化新使命,也是新时代信息技术学科新使命,可以为信息社会塑造合格的数字公民,是为信息科技培养基础人才的学科使命。

黄亨星

福建教育学院教授

2021 年 2 月 15 日

◎ 前　言

  教育部启动新课程改革,发布了《普通高中信息技术课程标准(2017年版)》,亮点是确定了核心要素的组成。根据核心要素中各个核心素养的内涵要求,从三维目标升华到核心素养,从素质教育凝固到立德树人,学会求知、学会做事、学会担当的教学理念、教学价值引领课堂教学改革,课堂教学改革因核心素养而引起,是以核心素养为改革方向。多年来的教学实践表明,要提高信息技术课程教学的有效性,教师必须树立先进的教学理念,掌握前沿的信息技术教育理论和方法,把握信息技术学科内容的新发展,营造有效的信息技术教学场景。运用相应的教学工具及平台,充分发挥学生的主体性地位;充实的教学资源、灵活多样的评价方法,构建高效的教学模式,实现学生学科核心素养的提升。

  导演项目教学是在新课标、新教材、教育信息化2.0行动计划、中小学教师信息技术能力提升工程2.0背景下,通过创设学科活动项目、提供学科活动空间达成学科素养下的一种创新教学模式,将三维目标升华提炼出来,将核心素养中的能力与品格构建起来,最终培育出具有信息素养新时代的人才。信息技术学科的传统"讲练"教学模式,很难将学生从三维目标导向核心素养,传统教学模式主要针对教师的"讲",针对学生的"练"。学生个体是过度地被动接受视听,学生学得怎么样? 学生学习过程如何? 教师都毫不知情,传统课堂教学很难将三维目标导向核心素养。导演项目教学的亮点是:让学生自己学,让学生自己创设项目,让学生自己演,把学的过程演示出来,突显学生个体的核心地位,削弱教师个体的主讲地位。

  笔者作为一名承担高中信息技术课程教学的骨干教师,在20多年的教学生涯中,开过很多公开课,也听过、评过许多年轻教师的课,观摩过诸多名师的课，有过诸多的体验、感悟、经验及反思，这都是极好的教学经验借鉴，为本书提出"导演项目教学"理念的构建、思想的形成，奠定了基础。同时，笔者一直以来追求的目标和努力的方向是：在高中信息技术导演项目教学实践中，如何提高信息技术课程教学绩效？如何构建适应学生信息素养培育的体系？

本书对信息技术导演项目式教学的理论、方法和实践做了较详尽、系统的阐述，阐述过程中立足新颖、系统、实用、可操作及理论联系实际原则，有助于读者掌握并应用导演项目的教学过程与方法。本书适合高中信息技术教师教学参考用书。

本书在编写过程中得到了黄宇星教授、吴旭日老师及福建教育学院领导团队、导师团队、管理团队的鼓励和大力支持，在此谨向他们表示衷心的感谢！

本书若有不足之处和错误之处，敬请广大读者批评指正。

林贵台

2020 年 9 月于宁德福鼎

目　录
CONTENTS

第一章

信息技术教育理论体系

第一节　信息技术教育发展

一、信息技术教育产生与发展历程

信息技术教育经历了知识导向、技能导向、核心素养导向的发展历程。

（一）信息技术教育与知识导向

1982 年，教育部决定在 5 所大学的附属中学，首次在高中阶段以选修课方式开展中学计算机课程，由此开始了我国中小学计算机教育的历程。在这段时间内，我国中学计算机课程从无到有，并开展重点试验。这一时期，计算机教育主要以兴趣小组选修课等形式开展。确定的学习目标是：初步了解电子计算机的基本工作原理和对人类学习生活的影响，掌握基本的 BASIC 语言并初步具备读、写程序和上机调试的能力，逐步培养学生逻辑思维、分析问题、解决问题的能力。

1984 年，邓小平同志指出："计算机普及要从娃娃抓起。"

1987 年，人民教育出版社计算机室按照第三次全国中学计算机教育工作会议上通过的《普通中学电子计算机选修课教学大纲（试行）》的要求，编写了《程序设计》和《应用软件》两本教材，供全国各地在高中开设计算机选修课程的学校使用。这套教材印发后，为开展中学计算机教育做出了一定的贡献。

1991年10月，在山东省济南市召开的第四次全国中小学计算机工作教育工作会议，是我国计算机教育事业发展进程中的里程碑。会议统一了认识，肯定了发展计算机教育的必要性、重要性和迫切性，在组织上加强了对计算机教育的领导，在方针政策上更加明确。大会颁布了新的计算机教学大纲，即《中小学计算机课程指导纲要》，对我国的中小学计算机教育及教材建设提出了新的要求。为了满足计算机教育发展的需要，人民教育出版社计算机室和教育部全国中小学计算机教育研究中心北京部共同组织编写了新的高级中学计算机选修课程教材《计算机教程（PC机版）》。

1992年秋季起，福建省福鼎第一中学决定开设计算机课程，教材就是采用人民教育出版社出版的《计算机教程（PC机版）》，教一些计算机原理和简单操作的知识，如开关机顺序、一些注意事项等。

1995年，福建省为全面贯彻落实《中小学计算机课程指导纲要》的精神，明确了计算机教育是中小学素质教育的重要组成部分，要求全省普通中学要分期分批地把计算机课程列入学校的教学计划，规定全省三级达标以上的学校（含重点中学）应在1995年秋季入学的高中学生中开设计算机课程。1996年开始评测，评测方法是：实行中学生计算机知识与操作等级考试制度。设立"福建省中学生计算机知识与操作等级考试委员会"，要求在校期间学生参加并通过中学生计算机一级及以上计算机等级考试。计算机一级主要考试内容为办公软件操作，计算机二级主要考试内容为算法与编程。

（二）信息技术教育与技能导向

2000年10月25日，教育部在北京召开了全国中小学信息技术教育工作会议。会议印发了《关于在中小学普及信息技术教育的通知》《关于在中小学实施"校校通"工程的通知》《中小学信息技术课程指导纲要（试行）》3个重要文件，指出了当前信息技术教育工作的指导方针，制定了在中小学开设信息技术必修课的阶段目标和主要任务，提出了校校通工程的具体目标、中小学信息技术教育的具体措施和课程内容的安排等。由此，信息技术课程、信息技术与课程整合、网络学习等领域都发生了变化，我国的信息技术教育由此迈入快速发展的崭新阶段。《中小学信息技术课程指导纲要（试行）》指出了当前中小学信息技术课程的主要任务是：培养学生对信息技术的兴趣和意识，让学生了解和掌握信息技术基本知识和技能，了解信息技术的发展及其应用对人类日常生活和科学技术的深刻影响。通过信息技术课程的学习,学生具有获取信息、传输信息、处理信息和应用信息的能力,能正确认识和理解与信息技术相关的文化、伦理和社会等问题,负责任地使用信息技术。

在 2003 年 3 月教育部公布《普通高中信息技术课程标准(2003 实验版)》后,福建省进入高中信息技术课程实验阶段,计算机教育转向信息技术课程教育,计算机教育更名为信息技术教育,并且体现出信息技术课程技术性的学科特点。目的是培养学生良好的信息素养,把信息技术作为支持终身学习和合作学习的手段,为适应信息社会的学习、工作和生活打下必要的基础,为适应现代科学技术的发展、迎接 21 世纪的挑战做准备。信息科学与技术正在对人类社会的发展产生难以估量的深远影响,以计算机技术和通信技术为核心的信息技术,其应用的广度和深度已成为衡量一个国家综合国力的重要标志。作为人类总体智慧的结晶,计算机已成为一种崭新的现代文化,它是现代科学技术的基础与核心。它的飞速发展,把社会生产力水平提到前所未有的高度,人类正步入信息时代。采用计算机获得信息、处理信息、展示信息和负责任地使用信息技术是信息时代中学生必须具有的信息技术技能。

(三)信息技术教育与核心素养导向

2017 年,教育部公布了《普通高中信息技术课程标准(2017 年版)》,理解新教材、用好新教材成为广大教师的首要任务。主要亮点有 3 点:第一点,提出了信息技术 4 个学科大概念:数据、算法、信息系统、信息社会。第二点,提出了多元课程体系:必修课程、选择性必修课程、选修课程。第三点,提出了信息核心素养:信息意识、计算思维、数字化学习与创新、信息社会责任。《普通高中信息技术课程标准(2017 年版)》提出的普通高中信息技术课程的总目标是:全面提升全体高中学生的信息素养。学生的信息素养表现在:对信息的获取、加工、管理、表达与交流的能力,对信息及信息活动的过程、方法、结果进行评价的能力,个人作品展示评价中发表自己观点、与同组同学交流思想的能力,同时与同学开展合作并解决学习和生活中实际问题的能力,遵守相关的伦理道德与法律法规,形成与信息社会相适应的价值观和责任感。2020 年教育部对普通高中信息技术课程标准进行修订,公布了《普通高中信息技术课程标准(2020 年修订)》。这是对《普通高中信息技术课程标准(2017 年版)》的调整和补充,不仅使信息技术课程设置更具科学性、实用性和合理性，而且兼顾了学生的个性发展与升学需要，凸显了信息技术学科核心素养，满足了数字化时代对创新性人才培养的需求，是具有一定前瞻性和开拓性的调整，必将对今后信息技术教学及应用产生深远影响和指导作用。

（四）信息技术教育与计算机教育

从信息技术教育的发展历程来看，信息技术教育与计算机教育有着密切的联系，计算机教育是信息技术教育的基础，信息技术教育是计算机教育的发展和延伸。就技术层面而言，信息技术主要包括微电子技术、计算机技术、通信技术、传感技术，还有现在出现的新技术，如 5G 技术、人工智能、量子通信、工业互联网。现在开设的信息技术教育课程，是原来计算机教育课程的延伸。计算机基础知识、基本操作技能和网络仍然是构成信息技术教育内容的重要部分。为了适应信息化的时代环境，学生必须学会终身学习，培养信息素养，掌握积极获取、分析、处理和应用信息的能力，但掌握计算机基础知识和基本操作技能是达到一切培养目标的基础。计算机教育是学知识和技能，信息技术教育是学能力和素养。

二、信息技术教育的标志

（一）信息技术革命的兴起

信息技术与人类社会共生共存，并不断变革。人类社会迄今已经历了5 次信息技术革命：第一次为语言的使用，第二次为文字的创造，第三次为印刷术的发明，第四次为电报、电话、广播、电视的发明和普及应用，第五次为计算机应用的普及、计算机与现代通信技术的结合。在现代社会中，计算机、数字通信、卫星通信的发明与运用，使人类交换、收集、加工、处理、控制和存储信息的手段发生了前所未有的变革，标志着人类进入了新的信息技术时代，使数据化、网络化、智能化成为社会各领域的发展需求和前进方向。智能技术为智慧教育提供了新的契机，为构建智慧教育新生态注入了动力。它是教育现代化发展的必然趋势，它的最终落脚点在于智慧型人才的培养。

（二）信息技术与教育融合发展

信息技术与教育融合发展的水平显著提升。充分发挥现代信息技术独特优势，信息化环境下学生自主学习能力明显增强，教学方式与教育模式创新不断深入，信息化对教育变革的促进作用充分显现。5G、大数据、区块链、人工智能等新一代信息技术为实现人机协同、精准教学和个性化学习提供了支撑。通过网络开展多种形式的教育教学，保障了各地教育教学的顺利开展。在线教育实践促进了各级各类教育资源平台的共建共享，提高了教师信息技术应用能力。随着人类社会的发展，信息技术已渗透到经济发展和社会生活的各个方面，人们的生产方式、生活方式及学习方式正在发生深刻的变化，全民教育、优质教育、个性化学习和终身学习已成为信息时代教育发展的重要标志。

（三）信息技术与教师专业发展

信息技术为教师提供了网络化学习和信息化教学的工具、实践与反思的利器、交流与协作的平台。第一，信息技术促进教师专业素养的提升，包括专业知识更新和知识结构优化、教师专业技能提高、专业态度养成和升华。第二，信息技术加快教师专业发展的进程，帮助教师迅速走出传统教学，突破传统的教学方式。第三，信息技术促进教师专业发展方式的变革，打破时空限制；促进自身专业方式的变革，提高教师工作绩效；引发教育变革，促进教师教育观念的转变。

1.面向未来，育人为本

面向建设人力资源强国的目标要求，面向未来国力竞争和创新人才成长的需要，努力为每一名学生和学习者提供个性化学习、终身学习的信息化环境和服务。

2.应用驱动，共建共享

以人才培养、教育改革和发展需求为导向，开发应用优质数字教育资源，构建信息化学习和教学环境，建立政府引导、多方参与、共建共享的开放合作机制。

3.统筹规划，分类推进

根据各级各类教育的特点和不同地区经济社会发展水平，统筹做好教育信息化的整体规划和顶层设计，明确发展重点，坚持分类指导，鼓励形成特色。

4.深度融合，引领创新

探索现代信息技术与教育的全面深度融合，以信息化引领教育理念和教育模式的创新，充分发挥教育信息化在教育改革和发展中的支撑与引领作用。

三、信息技术教育进入新时代

（一）教育信息化引领教育现代化

信息技术作为教育现代化的支撑力量充分显现。教育信息化是教育现代化的必经之路。《中国教育现代化2035》提出了推进教育现代化的八大基本理念：更加注重以德为先，更加注重全面发展，更加注重面向人人，更加注重终身学习，更加注重因材施教，更加注重知行合一，更加注重融合发展，更加注重共建共享，提出"充分利用现代信息技术，丰富并创新课程形式"。

（二）信息技术教育与信息技术教师

信息技术既是一个独立的学科分支，又是所有学科发展的基础；信息技术既是一个重要的技术分支，又已经深化为改造人类生产与生活方式的基本手段。信息技术因信息交流需要而产生和发展，信息技术的进步又扩展了信息交流的时间与空间。文化形成和发展的最本质要求是交流，随着信息技术越来越广泛地渗透到教育、经济和政治等领域，席卷全球的信息文化业已形成，并推动着全社会的"文化重塑"，推动着社会的发展。从社会发展的现实出发，在普通高中设立信息技术科目，为培养适应信息社会未来公民奠定基础，是我国在全球性信息化建设竞争进程中，抓住机遇，赶上世界发展的步伐，抢占制高点的必要保证。在新一代信息技术不断迭代发展的过程中，信息技术教师在承担信息技术课程教学的同时，还承担着大量的教育信息化建设工作。信息技术教师作为教育信息化的先行者、驱动者和实践者，是功不可没的。要充分认识到信息技术教师肩上所担负的责任和使命，以此为契机，全面提升信息化管理能力，提升全体教师的信息技术应用能力和信息素养，让信息技术重构教与学，培养面向未来的合格的社会主义建设者和接班人。信息素养是信息时代公民的基本素养，是个体生存于信息社会的关键能力与必备品格，教师的信息素养深度影响在校学生的信息素养,受到我们信息技术教育工作者的特别重视。

（三）信息技术教育与课程目标

《普通高中信息技术课程标准(2020年修订)》指出:信息技术作为当今先进生产力的代表,已经成为我国经济发展的重要支柱和网络强国的战略支撑。信息技术涵盖了获取、表示、传输、存储和加工信息在内的各种技术。自电子计算机问世以来,信息技术沿着以计算机为核心到以互联网为核心,再到以数据为核心的发展脉络,深刻影响着社会的经济结构和生产方式,加快了全球范围内的知识更新和技术创新,推动了社会信息化、智能化的建设与发展,催生出现实空间与虚拟空间并存的信息社会,并逐步构建出智慧社会。信息技术的快速发展,重塑了人们沟通交流的时间观念和空间观念,不断改变人们的思维与交往模式,深刻影响人们的生活、工作与学习,已经超越单纯的技术工具价值,为当代社会注入了新的思想与文化内涵。提升中国公民的信息素养,增强个体在信息社会的适应力与创造力,对个人发展、国力增强、社会变革有着十分重大的意义。

高中信息技术课程以提升学生的信息素养为根本目的。信息技术课程不仅使学生掌握基本的信息技术技能,形成个性化发展,而且使学生学会运用信息技术促进交流与合作,拓宽视野,勇于创新,提高思考与决策水平,形成解决实际问题的能力和终身学习的能力,明确信息社会公民的权利与义务、伦理与法规,形成与信息社会相适应的价值观和责任感,为适应未来学习型社会提供必要保证。高中信息技术课程表现出如下3个性质:第一,基础性。高中信息技术课程的基础性表现在,它是信息技术在各个学科中应用乃至全部教育活动的基础,是学生在今后工作与生活中有效解决问题的基础,是学生在未来学习型社会中自我发展、持续发展的基础。第二,综合性。高中信息技术课程的综合性表现在,其内容既包括信息技术的基础知识、基本操作等技能性知识,也包括应用信息技术解决实际问题的方法,对信息技术过程、方法与结果评价的方法,信息技术在学习和生活中的应用,以及相关权利义务、伦理道德、法律法规等。第三,人文性。高中信息技术课程的人文性表现在,课程为实现人的全面发展而设置,既表现出基本的工具价值,又表现出丰富的文化价值;既有恰当而充实的技术内涵,又体现科学精神,强化人文精神。

第二节　信息技术教育概述

一、信息技术教育与技术

当今社会是信息技术时代，信息化成为当今社会发展的主流。"技术"一词在《辞海》中解释为：人们所拥有的相关生产劳动的经验知识或从事物质生产时所具有的专门技能或操作技巧。[①] 除操作技能外，广义的还包括相应的生产工具和其他物资设备，以及生产的工艺过程或作业程序、方法。可见，"技术"包含两个方面的含义：一方面，技术是人类在生产实践中所获取的生产经验和依照自然科学原理而发展起来的智能手段，是人类智慧的体现，是人类在利用自然和改造自然的过程中积累起来并在生产劳动中体现出来的经验和知识，是客观存在的；另一方面，技术是有形的客观物质，是人类利用和改造自然的物质手段、工具和技术装备。所以，"技术"一词包含了人类智能技术和物质技术两个方面。通过对"技术"的解释，可以认为，"信息技术"是指在信息的采集、整理、加工、传递、存储、利用活动中所采取的方法、手段及相关的工具与技术设备。一般认为，信息技术至少包括 3 个层次：第一个层次是硬件基础技术，即有关元件、器件的制造技术；第二个层次是信息系统技术，即有关信息的获取、传输、处理、控制的设备和系统技术，主要有计算机技术、通信技术、控制技术，是信息技术的核心；第三个层次是信息应用技术。中小学信息技术教育的着眼点是信息技术的第三个层次，即如何进行信息的采集、处理、存储，至开发与利用信息。

二、信息技术教育与教育信息化

在信息化促进教育技术化的变革过程中，国家日益重视信息化的推广、普及和应用，各种文件都强调信息化在教育教学和管理中的价值和运

[①]　张俊宏.多功能现代汉语辞海[M].长春：吉林大学出版社，2003：910.

用。2010 年,中共中央国务院印发的《国家中长期教育改革和发展规划纲要(2010—2020 年)》中明确指出,"信息技术对教育发展具有革命性影响,必须予以高度重视"。2012 年,教育部印发了《教育信息化十年发展规划(2010—2020 年)》。2016 年,教育部印发了《教育信息化"十三五"规划》。2017 年,党的十九大报告中明确提出"办好网络教育"。

2018 年,教育部印发的《教育信息化 2.0 行动计划》提出到 2022 年基本实现"三全两高一大"的发展目标,即教学应用覆盖全体教师、学习应用覆盖全体适龄学生、数字校园建设覆盖全体学校,信息化应用水平和师生信息素养普遍提高,建成"互联网＋教育"大平台,推动从教育专用资源向教育大资源转变、从提升师生信息技术应用能力向全面提升其信息素养转变、从融合应用向创新发展转变,努力构建"互联网＋"条件下的人才培养新模式、发展基于互联网的教育服务新模式、探索信息时代教育治理新模式。从电化教育诞生到教育信息化 2.0 时代,从学习国外经验到为世界提供中国教育信息化发展样板,从注重信息化环境建设、应用驱动到融合创新、智能引领,纵览中国教育信息化的发展历程,基础设施大幅改善,学校网络教学环境基本建成,数字化资源极大丰富,信息化教学与管理渐成常态,国家数字教育资源公共服务体系与教育管理公共服务平台正在发挥越来越大的效用。

2018 年,教育部印发的《高等学校人工智能创新行动计划》为进一步提升高校人工智能领域科技创新、人才培养和服务国家需求的能力提供了指导。2019 年中共中央、国务院颁布的《中国教育现代化 2035》的第八项战略任务便是"加快信息化时代教育变革"。2019 年,教育部颁布的《关于实施全国中小学教师信息技术应用能力提升工程 2.0 的意见》提出基本实现"三提升一全面"的总体发展目标。2019 年,教育部等 11 部门发布的《关于促进在线教育健康发展的指导意见》为促进在线教育健康、规范、有序发展提供了指导。

信息化已经成为教育变革的内生变量,融合创新、智能引领是其主要特征。这时期要力争实现"三个转变":第一,从教育专用资源向教育大资源转变;第二,从提升师生信息技术应用能力向提升其信息素养转变;第三,从融合应用发展向创新发展转变。

教学信息化、管理信息化、研究信息化已经成为广大教育实践者和学者认真面对的重要课题。以信息化促进教育教学、教育管理以及教育科研质量和效益的提高,是广大教育实践者和学者面对的重要命题。计算机和通信技术带来了信息传播技术的革命,其快速发展有力地带动了教育技术乃至教育方式的革命性变化。目前,世界各国对教育的发展均给予前所未有的关注,都试图在未来的信息社会中让教育处于一个优势的位置,从而走在社会发展的前列。为此,许多国家都把信息技术应用于教育,作为民族发展的推动力。

三、信息技术教育与技能教育

信息技术沿着以个人计算机为核心到以互联网为核心,再到以数据为核心的发展脉络,逐步改变着社会的经济结构和生产方式,加快了全球范围内的知识更新和技术创新,催生出现实空间与虚拟空间并存的信息社会。

计算机教育主要是培养学习者的计算机技能,包括学生应用计算机软件硬件的技能及编程的能力,而信息技术教育更加关注学生对信息技术的兴趣和意识的培养。通过信息技术课程的学习,培养学生获取信息、传输信息、处理信息和应用信息的能力,教育学生正确认识和理解与信息技术相关的文化伦理和社会问题,培养学生良好的信息素养,把信息技术作为支持终身学习和合作学习的手段,为适应信息社会的学习、工作和生活打下必要的基础。与计算机课程相比,中小学信息技术课具有较强的综合性,它涉及众多的边缘和基础科学,兼有基础文化课程、劳动技术、教育和职业教育的特点,也兼有学科课程、综合课程和活动课程的特点。具体来讲,中小学信息技术课程从课程内容、课程目标、课程资源和课程评价等方面都与传统的计算机教育有所不同。

四、信息技术教育与素质教育

信息教育的本质就是实现素质教育,也是实现学生素质新课程之一。信息教育的本质可从 5 个方面来看:第一,从理念角度上看,微电子技术、计算机技术、通信技术、传感技术计算机及其网络,不仅是学习对象,更是学习工具、学习资源和学习环境。第二,从心理角度上看,信息技术教育是知、行、情三者的交互过程。这里的"知"指的是教师所传授给学生的知识与技能,"行"指的是教师通过教学促成学生的行动,"情"指的是情感态度价值观。第三,从目标角度上看,不仅要学会计算机的使用,而且要注意信息素养的培养,学会学习,能熟练利用资源和环境来解决实际问题。第四,从方法角度上看,不仅是技能培训,而且是资源、环境运用。第五,从模式角度上看,不是教师指导下的讲练结合,而是交互、协商和意义建构。

随着我国互联网、大数据、人工智能等信息技术的快速发展,智能化服务深刻改变了我们的生活方式,与日常生活密切相关的政务服务、社区服务、新闻媒体、社交通信、生活购物、金融服务等互联网网站、移动互联网应用,要想从中获取信息和服务,都需要用到信息技术。中国是发展中国家,经济振兴、科技发展和社会进步迫切需要人才,迫切需要教育信息化和教学手段现代化。教育信息化要求在教育过程中较全面地运用以计算机、多媒体和网络通信为基础的现代信息技术,促进教育改革,从而适应正在到来的信息化社会提出的新要求,对深化教育改革、实施素质教育具有重大意义。

信息技术教育与素质教育是相通的,是教育的根本,对一个人的思想、精神、境界都有莫大的影响,而信息技术不但能高效提升学生素质,而且其本身也是一种素质,是信息技术作为新课标的一门课程的核心价值,要从这样的角度去认知教育与信息技术,去融合教育与信息技术。

第三节　信息技术教育的理论依据

信息的起源是与客观世界发展同步的。长期以来,人类就生活在信息的海洋之中,几乎人人都自觉不自觉地使用"信息"这一词汇,但是学术界始终无法对它给出统一的定义。之所以如此,是因为信息所涉及的领域极为广泛,而目前人们又限于对信息的认识水平,各自都从自己所认识的范围解释、定义信息。

一、信息与信息技术

"信息"一词古已有之,但关于它的定义至今仍未取得共识,从不同的角度有不同的描述,目前对"信息"的描述多达上百种。信息论的奠基人之一香农从通信工程的角度，将信息定义为"用来消除不确定的东西"①，指的是有新内容或新知识的消息。而控制论的奠基人维纳则将信息定义为"信息就是信息，不是物质也不是能量"②，它是区别于物质与能量的第三类资源。我国信息论学者钟义信教授认为信息是"事物运动的状态和方式"③，也就是事物内部结构和外部联系的状态和方式。我国有些专家学者认为信息是对事物运动状态和方式的表征，它能够消除认识上的不确定性。

信息，已成为哲学、自然科学、技术科学和社会科学等各个领域中被广泛应用的基本概念。随着社会的不断进步，信息内容发生了质的变化。在有人类之前，信息仅为表征物质及其运动的某种特征的信号，称为自然信息。自从有了人类，信息内容有了很大的发展，在人类社会中，不仅自然信息依然存在，同时出现了人类用语言、文字等符号表述物质及其运动某种状态特征的高级信息，称为社会信息。自然信息与社会信息构成了当今人类社会中信息的全部。由此，可以给信息一个这样的定义：信息是表征物质及其运动的信号和符号系统。

信息的产生与物质及其活动密切相关，物质的存在以信号或符号系统作为标志，只要有物质运动就有信息活动。信息可以独立于物质及其运动本身，信息产生以后可以脱离其表征的物质及其运动本身，以信息特有的方式存在和活动。

信息技术带来了社会生活的变化，人们在生活与工作中经常使用信息技术，人们所阅读的报纸，所关心的电视、广播等各种媒体，都在谈论现代信息技术，介绍信息技术新的发展与新的应用，评论信息技术对于人类社会的影响，并且讨论人们究竟需要了解信息技术到什么程度为好，社会交往中信息技术也成为一个十分重要的讨论热点问题。因此，信息技术已经成为人类文化的一部分，而且可以说是十分重要的一部分。很难设想，一个现代人如果一点信息技术的术语也不知道，他能够与其他人进行闲谈与交流，进而进入到一个社交团体中去参加活动。因此，信息技术的知识与有关的谈论是现代文明人的一项重要标志。信息技术教育为人们进入现代社会奠定了心理适应的基础。信息技术已经深入到社会的各个领域，正在对教育、生活、社会发展产生深远的影响。

本书所探讨的信息技术时代是指由于计算机和通信技术的发展而带来的信息手段的飞跃变革。近年来，教育信息化和教育研究信息化得到国

①②③　徐福荫.信息技术基础[M].广州：广东教育出版社，2006：3.

家的大力推动,也引起教育实践者和教育学者的极大关注。信息技术和基础教育的融合已经成为基础教育改革和创新的时代潮流。传统基础教育的面貌因信息化而改变,以信息化促进基础教育现代化是信息技术教育的历史担当。

二、信息技术教育的理论基础

合理应用理论基础,可以解释、预测、控制研究,在研究之前要从理论上去论证研究的合理性、必要性,即理论支撑研究,理论是研究的保证。南国农先生指出:现代教育技术是把现代教育思想理论和科学知识应用于教学实践的现代教育手段和方法体系,它所解决的问题是如何在先进的教育思想理论的指导下,利用现代教育手段和方法,开发教育资源,优化教学过程,提高教育质量和效益。

(一)信息技术教育与多元智能理论

传统的智力观认为,智力是以语言、数理逻辑能力为核心,以整合方式存在的一种能力。学校一直只强调学生在逻辑数学和语文(主要是读和写)两方面的发展,但这并不是人类智能的全部。不同的人会有不同的智能组合,如建筑师及雕塑家的空间感(空间智能)较强、运动员和芭蕾舞演员的体力(肢体动作智能)较强、公关的人际智能较强、作家的内省智能较强等。

当代著名心理学家和教育家、美国哈佛大学教育研究院的心理发展学家加德纳,从研究脑部受创伤的病人发觉到他们在学习能力上的差异。1983年,他提出一种全新的人类智能结构理论:多元智能理论。加德纳认为,智力是在某种社会和文化环境的价值标准下,主体用以解决自己遇到的真正难题所需要的能力,它应该是多元的,至少存在言语语言、数理逻辑、空间视觉、音乐韵律、自体运动、人际沟通、自我认识、自然观察及存在智力9种智能。[①] 这9种智能的不同组合及表现构成了每个学生的不同的智能结构,而大多数学生的很多潜在的智能有待于教师和学生一起去认识和挖掘、开发。

---

① 林贵台.多元智能教学策略在信息技术新教材上的应用[C]//教育部教育管理信息中心.第九届中国教育信息化创新与发展论坛论文集,2009:281-284.

根据加德纳的多元智能理论,学校在发展学生各方面智能的同时,必须留意每一个学生只会在某一两方面的智能特别突出;而当学生未能在其他方面追上进度时,不要让学生因此而受到责罚。同时,以多媒体计算机及网络为核心,将多元智能理论引入信息技术教学课堂中,对多元智能进行教育实践与探索,从而真正地让每个学生都发展得富有个性,富有创新精神,挖掘开发学生的多种潜在的智能,培养学生的信息素养,提高学生的科学素养。

(二)信息技术教育与建构主义理论

建构主义是认知结构学习理论发展的进一步深化,它强调学生是具有巨大潜力的人,认为教师教学实际就是把学生现有的知识经验作为新知识的增长点,引导学生从原来的知识经验背景中"生长"出新的知识经验。建构主义认为,学习是在社会文化背景下,通过互相协作以及活动而实现的意义建构的过程;教学环境中应该有四大要素,即情境、协作、会话、意义建构。建构主义是学习理论中行为主义发展到认知主义以后的进一步发展,用乔纳生的话,即向与客观主义更为对立的另一方向发展。

建构主义理论指出,知识并不是由教师教授的,而是学习者自己在某一特定的场景下,在教师、学习搭档或必需的学习资源的帮助下通过意义构建掌握的。信息技术教育是基于建构主义学习理论的,是在教师的组织与引导下,通过积极主动探索来完成学习任务,通过创设任务情境中问题解决来完成能力发展的意义建构,这和建构主义学习理论是相符合的。

(三)信息技术教育与立德树人

2014年3月30日,教育部印发《关于全面深化课程改革落实 立德树人根本任务的意见》(教基二〔2014〕4号),2019年6月,国务院办公厅印发《关于新时代推进普通高中育人方式改革的指导意见》,2020年10月,中共中央、国务院印发《深化新时代教育评价改革总体方案》3份重量级文件可以看出3个关键点,即落实立德树人、创新人才培养及最关键的"综合评价",要打破"唯分数""唯升学"。立德树人是发展中国特色社会主义教育事业的核心所在,是培养德智体美劳全面发展的社会主义建设者和接班人的本质要求。立德,就是坚持德育为先,通过正面教育来引导人、感化人、激励人;树人,就是坚持以人为本,通过合适的教育来塑造人、改变人、发展人。2018年,习近平总书记在全国教育大会上提出,教育的首要问题是培养什么人,要坚持把立德树人作为根本任务,并提出了在坚定理想信念、厚植爱国主义情怀、加强品德修养、增长知识见识、培养奋斗精神、增强综合素质 6 个方面"下功夫"。

(四)信息技术教育与育人方式

2019 年 8 月,福建省教育厅印发《福建省教育厅转发国务院办公厅关于新时代推进普通高中育人方式改革的指导意见的通知》指出:第一,加强组织领导。坚持以习近平新时代中国特色社会主义思想为指导,深入学习贯彻习近平总书记关于教育的重要论述和党的十九大精神,全面贯彻党的教育方针,全面落实立德树人根本任务。第二,提升育人水平。彰显立德树人导向,突出五育并举内涵,强化对学生爱国情怀、遵纪守法、创新思维、体质达标、审美能力、劳动实践等方面的教育实践和评价改革,加强对学生理想、心理、学习、生活和生涯规划等方面指导,凸显学生学习发展主体地位,切实提升育人水平,努力培养德智体美劳全面发展的社会主义建设者和接班人。第三,提高教育质量。推进课程实施、教学组织、选课走班、评价体系、考试制度等领域改革,深化内涵办学。

信息技术教育应凸显党和国家的人才培养要求,明确当前信息技术教育的改革发展趋势,并要转变 3 个育人方式。第一,从"技能"教育模式向"全面育人"教育模式转变。第二,从以"学业考试"为目标向"学考与生涯辅导相结合"目标转变。第三,从信息技术教育"分层发展"向"分层与分类相结合"方向转变。依照信息技术教学大纲要求,从好、中、差 3 类学生的实际出发,确定不同层次的要求,进行不同层次的教学,给予不同层次的辅导,使各类学生的学习,人人有兴趣,个个有所得,促进学生健康、全面、真实发展。

因此,我们信息技术课程也承担着育人的任务。通过深化信息技术课堂教学改革,按照信息技术教学计划循序渐进开展教学,提高课堂教学效率,培养学生学习能力,促进学生系统掌握信息技术学科的基础知识、基本技能、基本方法,培养适应终身发展和社会发展需要的正确价值观念、必备品格和关键能力;积极探索基于情境、问题导向的互动式、启发式、探究式、体验式等课堂教学,注重加强课题研究、项目设计、研究性学习等跨学科综合性教学,认真开展验证性实验和探究性实验教学;提高作业设计质量,精心设计基础性作业,适当增加探究性、实践性、综合性作业;积极推广应用优秀教学成果,推进信息技术与教育教学深度融合,加强教学研究和指导。

第四节　信息技术教育的构建途径与模式

信息技术教育的构建途径与模式,要从教学实际出发,根据不同的教学目标、内容、对象和条件等,灵活、恰当地选用教学方法,并善于将各种方法有机地结合起来。任何一种方法和模式的选择和使用,都应该建立在深入理解其内涵的基础上。教学模式是指在一定的教学思想或教学理论指导下,建立起来的各种类型的教学活动的基本结构或框架,表现教学过程的程序性的策略体系。它包括的要素有教学目标、教学内容、教学过程、教学方法、教学评价和师生关系。

一、信息技术学科传统教学模式

"传统教学"模式,指传统的教学方法,即苏联凯洛夫创立的五环节(复习旧知、导入新课、教师讲授、例题讲解、作业小结)教学方法,这种"以教为中心"的教学模式,一味地研究书本、教法、教学目标,对学生强制、要求、替代、包办。

(1)"边讲边练"教学模式,是"以教为中心"的教学模式,教师演示完,要求学生在规定时间内完成,造成部分学生没有及时消化就进入下一轮学习环节。

(2)"合作探究"教学模式,指小组合作探究教学模式,是"问题导向"的自主学习模式,是目前较流行的信息技术课堂教学模式。但小组合作的过程怎样,成员间分工合作情况如何,是一个很难把握的问题。协作学习是通过小组或团队的形式组织学生进行学习的一种策略,它强调以学生为中心,发挥学生的主体性,能充分发挥学生的自主性和创造性,有利于学科知识的掌握并促进合作精神的培养,在教学中应当鼓励更多的伙伴关系、合作学习与研究,而不是单纯的竞争关系,孤立学习与研究。

(3)"任务驱动"教学模式。"任务驱动"教学模式是一种建立在建构主义教学理论基础上的教学模式,是一种具有"以任务为主线、教师为主导、学生为主体"基本特征的教学模式,在设计任务时结合生活实际例子,实用性强。任务驱动教学模式本质上应是通过"任务"来诱发、加强和维持学习者的成就动机。成就动机是学生学习和完成任务的真正动力系统。任务作为学习的桥梁,"驱动"学生完成任务的不是教师也不是"任务",而是学习者本身,更进一步说是学习者的成就动机。因此,任务并不是静止和孤立的,它的指向应是学习者成就动机的形成,即任务是一个由外向内的演化过程,是以成就动机的产生为宗旨的。"任务驱动"就是通过"任务内驱"走向"动机驱动"的过程,是教师为学生提供感悟问题和实践探究的情境,围绕任务自主展开学习,以任务的完成结果检验和总结学习的过程。但任务来自教师,学生会不会适应,会不会驱动学生完成任务,这是一个很难把握的问题。任务驱动教学虽然得到了广泛的研究和实践,但由于缺乏系统的理论层面上的提升,这种"营养"上的先天不足导致负面影响日益显露,如任务的庸俗化、任务分类不清晰、教学目标片面化、教学评价简单化等,最终导致"学习"被误解为"应付任务"、"任务驱动"被异化为"任务的驱动"。

(4)"翻转课堂"教学模式。现在流行的"翻转课堂"教学模式,对传授学科知识课是一种高效课堂,而对信息技术学科这门操作性和实践性很强的学科,是一种低效课堂,仍然完不成课堂的本质变革。信息技术课程也不例外,信息技术课程改革进入了深水区。传统教学模式(边讲边练模式、任务驱动模式、分组合作模式)很难引导学生从三维目标走向核心素养,传统教学模式主要针对教师的"教",没有针对学生的"学"。学生个体是过度地被动接受视听,学生学得怎么样?学生学习过程如何?教师都毫不知情,传统课堂教学很难将三维目标导向核心素养。有效的课堂教学模式,是以学生为主体,以激发学生兴趣为出发点,以平台为载体,以各种小组合作学习为形式,通过自主学习、小组研讨、师生交流、课堂展示等手段,以期达到最佳的学习效果。试图通过新的模式的构建达到各种教学方式在信息技术课堂上的无缝融合,实现信息技术课堂教学模式的一种创新。新课堂教学模式同时能有效激发学生的学习兴趣,提高学生学习的主动性和积极性,让学生更好地达成学习目标,培养学生的信息素养和信息操作能力,也为新模式下的教学活动的开展提供了案例。

二、信息技术学科创新教学模式

新一轮课程改革的主题是全面实施素质教育,要求教师从素质教育到立德树人,要求学生学会求知,学会做事,学会担当。为了扎实深入开展新课程改革,各地新课改的教学理念不断呈现,新课改的学习理念、学习方式、人生观、价值观、认识观不断变化。因此,广大教师必须改变传统教学模式,努力去实践新课程理念,努力去研究各种教学模式,积极探索出适合学生人生观、价值观、认识观的教学模式。同时,随着新一轮基础教育课程改革的实施,学生的主体地位在课堂教学中进一步加强,学习过程逐步成为在教师引导下学生自主发现探究,进行自主知识建构的过程。同时,各种教学方法应运而生,学习内化并融合这些优秀的教学方法,形成的教学模式应用于信息技术课堂教学。

普通高中信息技术课程是在操作技能课的基础上发展而来的,学生通过学习信息技术基本知识,了解信息技术基本政策,从而具备计算机操作、资料查询、网络传播、媒体制作等基本能力。但是新课程改革后,信息技术课程成了一门全新的课程,已由原来单一的技能训练转向全面的信息素养培育,因此教学必须实现从教学理念到教学方式方法的变革与转型,争取在原有教学模式的基础上各方面有合理的创新。

（一）创新教学模式的构建方法

构建新的教学模式方法,采用的是文献资料法和调查研究法。我们进行了以下 3 方面的构建工作:第一,教学模式研究可行和合理。研究梳理分析在教学过程中用到的各个概念和理论,并在前人研究的基础上,结合当前信息技术教学中存在的问题,论证在信息技术学科中应用的教学模式的可行性和合理性。第二,教学模式探索途径和方法。从现有的相关研究入手,找到教学模式的思路和方向,并从分析教学中存在的实际问题出发,通过教研、听课、评课,借鉴其他学校在相关问题上的处理方法等途径,找到解决问题的途径和方法。第三,教学模式开展实践和反思。构建新的教学模式,形成教学模式的一般操作流程,并在教学实践中应用这一模式,通过实践、反思,不断发现问题,完善该模式针对各种课型的实施方案。

（二）项目式教学模式的构建意义

《普通高中信息技术课程标准（2020 年修订）》指出:基于项目的学习是指学生在教师引导下发现问题,以解决问题为导向开展方案设计、新知学习、实践探索,具有创新特质的学习活动。项目学习在很大程度上还原了学习的本质,这种基于真实情境的学习能促进学生对信息问题的敏感性、对知识学习的掌控力、对问题求解的思考力的发展。在项目实施过程中，各种能力的综合也促进了学生信息技术学科核心素养的形成。

开展项目学习时，要创设适合学生认知特征的活动情境，引导他们利用信息技术开展项目实践、形成作品。因此，项目学习应以信息技术学科核心素养的养成为目标，在项目实践中渗透学科核心素养，整合知识与技能的学习。在教学中，教师可以先整体梳理各课程模块的教学内容，再以阶段性教学内容（模块或者单元）为依托，提炼学生习得知识后应具备的学科核心素养，并以此节点设计项目的推进路径，力争使项目实施既能合理渗透信息技术学科核心素养，又能有效整合相关的教学内容。

学生基于项目学习总共有 6 个步骤：选定项目、规划设计、探究活动、项目实施、成果交流、活动评价。在项目学习特别是开放性项目学习的过程中，学生是项目的设计者、实施者和项目成果的推介者，教师是学生项目设计和实施过程中的引领者和咨询者。在教学中，教师应淡化知识的单一讲解，鼓励学生通过自主探究解决项目中的问题，在解决问题的过程中整合知识学习，促进思维发展。教师要从"学会操作"的课堂价值取向转向"形成学科核心素养"的价值诉求，引导学生从实际生活中发现项目素材，培养学生的信息意识；在"尝试、验证、修正"的"试错"过程中，发展学生的计算思维；引导学生从自主寻求项目实施所需知识和技能的过程中形成数字化学习与创新能力；在项目成果的推介交流中，提升信息社会责任。项目的开放性及解决方案的多样性，既能调动学生学习的积极性，激发学习兴趣，也能引发更多的生成性问题。

在项目活动中，教师可以根据学生学习的需要，采用个性化教学的指导方式，既为学生提供自由创作的空间，又确保学生的个性化问题得到及时支持与解决。建议教师创建网络学习空间，通过知识详解、范例创作、常见问题答疑等，帮助学生解决一般性问题。通过组建互助小组，引导学生在交流互助中共同提升思维与能力，甚至可以将合作互助行为纳入评价范畴，引导学生开展更深入的交流合作。

新课标下，信息技术教育课堂教学模式采用的是项目式教学，既适应教师的"教"，又适应学生的"学"。"放手"和"信任"学生，对学生学得怎么样、学生学习过程如何，老师了如指掌。能让学生自己将学的过程展示出来，这就改变了原有的信息技术教学模式，改变了我们教育思想和教学模式，构建新课型。

第五节　信息技术导演项目教学主张

一、导演项目教学提出的依据

(一)导演项目教学提出的背景

1.立德树人

立德树人基于以下两个背景的考虑：一是解决现实问题的需要。当前，重智轻德、重分数轻育人的现象还比较普遍，课程改革整体规划、协同推进不够，尚未形成育人合力。二是迎接未来挑战的需要。信息网络、多元文化使得学生的成长环境更为复杂，对学生的健康成长产生很大影响。国际竞争日趋激烈，对学生综合素质的培养提出更高要求。

2.育人为本

全面落实新课程要求，遵循教育规律和学生成长规律，围绕立德树人根本任务，坚持五育并举，把科学的质量观落实到教育教学全过程，打牢学生成长的共同基础，满足学生的不同学习需要，进一步提升学生综合素质，着力发展学生核心素养，使学生成为有理想、有本领、有担当的时代新人。在课堂教学中，以学生为主，以学生为中心，让学生自主学习、自主探究、自我展示、自我评价。培养集体观念和团结互助作风，增强集体凝聚力，提高学生自律独立的能力。

(二)导演项目教学提出的理论依据

1.信息技术科学理论

信息技术促进了教育思想和教学观念的变化，促使学生树立了新的教育观、学校观。在信息技术社会中，学生除了学习语文、数学等基础文化知识，具有听、说、读、写、背等能力，还必须掌握学习信息技术科学及其相关理论知识，学会评估并使用信息技术工具，创造性地解决问题，完成创新作品。

2.信息技术课程理论

普通高中信息技术课程是一门旨在全面提升学生信息素养、帮助学生掌握信息技术基础知识与技能、增强信息意识、发展计算思维、提高数字化学习与创新能力、树立正确的信息社会价值观和责任感的基础课程。课程围绕高中信息技术学科核心素养,精炼学科大概念,吸纳学科领域的前沿成果,构建具有时代特征的学习内容;课程兼重理论学习和实践应用,通过丰富多样的任务情境,鼓励学生在数字化环境中学习与实践;课程倡导基于项目的学习方式,将知识建构、技能培养与思维发展融入运用数字化工具解决问题和完成任务的过程中;课程提供学习机会,让学生参与到信息技术支持的沟通、共享、合作与协商中,体验知识的社会性建构,增强信息意识,理解信息技术对人类社会的影响,提高信息社会参与的责任感与行为能力,从而成为具备较高信息素养的中国公民。高中信息技术课程旨在全面提升全体高中学生的信息素养。课程通过提供技术多样、资源丰富的数字化环境,帮助学生掌握数据、算法、信息系统、信息社会等学科大概念,了解信息系统的基本原理,认识信息系统在人类生产与生活中的重要价值,学会运用计算思维识别与分析问题,抽象、建模与设计系统性解决方案,理解信息社会特征,自觉遵循信息社会规范,在数字化学习与创新过程中形成对人与世界的多元理解力,负责、有效地参与到社会共同体中,成为数字化时代的合格中国公民。

3.建构主义理论

以建构主义理论为指导,充分利用网络资源媒体技术,建立以教师为主导、学生为主体的新型导演教学模式,是信息技术教育主动适应社会发展需求的自我变革,其中教师、学生、教材和教学媒体与建构主义学习理论四大要素,相互关系如下:教师与学生的关系属于建构主义学习理论的"会话"要素,教师与媒体的关系属于建构主义学习理论的"情境"要素,学生与学生的关系属于建构主义学习理论的"协作"要素,教师与学生的关系属于建构主义学习理论的"意义建构"要素。

4.多元智能理论

多元智能理论强调每个人都有不同的智力类型和不同的智力优势。项目式学习允许教师将各种教与学的策略运用到项目的规划和实施过程中,帮助学生开发各种智力。每一个学生都是个性化的独立个体,具有不同的智力优势。在基于项目式学习的信息核心素养培养模式中,学生运用自身的智力优势完成项目,设计独特的解决方案,创造性地解决问题。在此过程中,抽象、模拟、数据收集、交流、表达等多种能力得到提升。

5.情境学习理论

情境学习理论认为,在真实情境下发生的学习和思维才是最有效的,自然而真实的学习情境更容易让学生将学习内容与日常生活体验相联系,增强学习动力。基于项目的学习就是在与日常生活相关的真实情境中学习,通过知识迁移将该情境与实际生活相联系。该模式围绕真实的项目任务展开,在解决真实问题的过程中渗透计算思维的培养,体现了情境学习理论。

6.基于课改文件

基于《普通高中课程方案(2017年版)》《普通高中信息技术课程标准(2017年版)》,结合近期发布的《福建省教育厅关于普通高中课程设置与管理的指导意见》《福建省普通高中学业水平考试实施办法》《福建省普通高中学生综合素质评价实施办法》,对高中信息技术课程结构、学分、课程安排等进行解读和说明;通过对5套国审教材的结构梳理,呈现在核心素养视域下学科教学内容的变化,并提出新课程、新教材下的高中信息技术教学方向建议。因此,教师应从3个方面做好准备:理解课标、学科知识再学习、转变教学方式。

二、导演项目教学的内涵

何谓"导演项目教学"? 人们对此见仁见智。笔者认为,"导演项目教学"中的"导"体现教师引导项目作用,"演"体现以学生为中心、以学生为主体的教学理念,强调项目学习中,自演自做,在课堂上展示与交流,用演示的方式,介绍自己小组制作的作品。

"导演项目教学"就是通过"一达两应"思路将学科知识上升到学科素养,导演项目课堂的教学过程就是学科核心素养的培养过程。将三维目标升华提炼起来,将核心素养中的能力与品格构建起来,最终达成育人的目的。导演项目教学创设了学科活动场所,培育了信息核心素养课程知识,这些是不会变成能力的,只有提供学科活动场所,通过导演教学节目展现出来。通过学科活动获得教育,立足学会,激发兴趣,培养能力,形成智慧,达成素养,是新一轮课程改革中教与学的全新课型。导演项目教学引进了工程思维,把学生引向创客教育。基于信息技术自身的特点,信息技术在改变教与学结构方面有明显的优势,通过信息技术可以培养出跨学科、动手分析等全面的综合能力,这是工程思维所提倡的,也是目前创客教育所提倡的。

导演项目教学为核心素养建模,提供核心素养愿景典范。导演项目教学将理念、技术、资源、策略通过技术工具(如线上、线下)将课程改革元素(如知识、技能、能力、素养)与学科活动单元(如对话、沟通、交往、合作、探究、展示)深度融合,构建核心素养模组,组建信息素养模型,从而建起素养平地,实现人生价值大厦。导演项目课堂一方面解决了知识、技能、能力、素养关系,另一方面解决了工具、媒介、手段、材料关系。导演项目教学模式建立起以学生为本,强调以学生为主,提供活动空间,把课堂让给学生,把讲台让给学生,从中可对学生进行过程性评价。这是《普通高中信息技术课程标准(2003 实验版)》新课程改革倡导的技术素养的综合体现,也是《普通高中信息技术课程标准(2017 年版)》倡导的核心素养(关键能力和必备品格)的综合体现。

三、导演项目教学活动的特点及模式

(一)导演项目教学活动的特点

(1)教师导演化:教师导演化是教师理念、思维方式的变革。传统课程逻辑起点是知识、内容,教师是教书。在这个新课程改革中,教师想方设法通过工具、媒介、手段、材料与知识、技能联系起来,创设学科活动节目,起到编导作用。这种编导作用既体现在课堂教学上,也体现在课堂教学以外的工作上。建立导演课堂学习社区平台,知识让学生自主学习,技能让学生自行掌握。教师在课前、课中、课后 3 个环节都是充当编导的作用。课前:收集上课素材,研究课堂讨论的话题,组织课题组成员学习有关导演知识、主持人知识,能书写教学设计,把教学设计编排成节目,交给学生主持人。课中:对研究形成的台式课堂导演课堂教学模式、节目资源库等相关研究成果进行充分交流和精细化。课后:对课堂教学实施过程中积累的有关文本、图片、视频等材料进行分类整理,确定适当的实例,将原始的资源上传至学习社区平台,形成让师生共享的教育教学资源,作为成果推广、交流、实践与应用的网上学习空间。通过工具、媒介、手段、材料将学生的知识、技能培养起来,最终构成学科核心素养。让作为演员的学生成为有信息素养的明星,教师成为具有信息素养的导演者。

（2）学生演员化：让学生明白，在课堂上若只是学习学科知识、学习技能，那永远是一个学习者，不是创造者。学科知识只是载体，获得教育是最终目的。技能是教育活动中促进学生发展、培养学生核心素养的一种辅助的探索路径。以学生为本，从原来被动地"学"，变成主动地"演"，在课堂上是一个"演员"，变成课堂的主人。借助课堂学习社区平台，课前自主先学工具软件是如何操作的，让知识和技能通过自主学习、自主探索获取。同时利用强大的导演课堂学习社区平台，为学生课后拓展阅读与学习提供可能。学生以求知、乐观的态度从社区教学平台获取需要的材料，在导演课堂上用来学习交流与展示。

（3）课堂信息化：就是信息技术与课堂融合应用到创新应用。要改变学生学的方式，要改变教师教的方式，当前只能依靠信息技术了，依靠信息技术才能再现学生学习过程。互联网技术、大数据技术能改变传统的时空学习观，其必然把课堂引入课堂信息化时代。导演项目课堂，也是让信息技术得到创新应用。课堂上应用到的信息技术有线上直播、线上评价、多种互动、现场提问。

（4）教学项目化：关键要教师根据项目需求和方案，创设学科活动场所，提供核心素养的"微模型"，让学生看得到。现阶段单一零碎的知识是学生被动接受的，无法培养学生的能力。三维目标到学科核心素养培育只能通过学科活动才能实现。导演课堂就是一个学科活动场所，就要求教师把知识汇聚成单元知识，把单元知识变成项目实施，这就是教学项目化。

（二）导演项目教学活动的模式

导演项目教学，改变了以往"教师讲、学生听"的被动局面，学生从"听中学"转向"做中学、做中创、创中乐"的主动学习，同时受央视新闻频道《面对面》人物专访节目启发，形成一个导演项目"3＋1"节目，即"信息1对3"项目，"1"指一个学生，项目主持人，"3"指3个学生，3个嘉宾。本组4人一同上讲台，一个主持人对其他3人，根据本组设计的任务，适当地加入本组的看法和评论，采用面对面问答形式，将小组自主、合作、探究学习过程通过面对面直播展示。导演项目课堂教学内容和传统教学内容完全不一样，导演项目课堂教学模式是基于建构主义学习理论的，发生了教与学方式的变革，演变成信息技术学科教学项目活动。主要包括6个环节：项目编导、主持培养、项目话题、项目制作、项目展示、项目评价。

1.项目编导

项目可以是教材提供的指定项目,也可以是教师根据教材和实际生活规划设计,充分体现生活实际,提供学生感兴趣的选题项目,可以是时政、热点、体育、语文、数学、自然科学、社会科学方面,并将选题项目提交到教学平台上,让学生在感兴趣的项目引导下展开有效的学习和实践。因此,教师要充分把握学生的知识技能和个人思维,进行复合教学目标的项目设计,以此保障整个项目能够顺利完成。此时教师在课堂上从原先传统模式的"讲"变成了"导",需要教师改变教学方式,将教学单元内容创设成教学单元情境,且在项目编导这个环节要注意3点:第一点,将参加导演课堂学生课前应懂知识、理解知识、操作知识列出清单,发给每一个学生,让学生获得课前预备知识。第二点,由学生选出组长,4～5人为一组。第三点,将制定出的导演项目教学评价表预先放在教学平台上。

2.主持培养

主持培养,就是教师对学生主持人进行培训,让学生来主持课堂。主持人任务有3项,第一项是记录观察过程,观察本组其他同学学习情况、问题解决过程,将思考过程描述出来。第二项是本组选定项目作品内容,要有分工合作,让同学在课堂上有所表现。第三项是主持本组学生对项目时间、活动计划进行合理安排,促使整个项目的进度得到有效控制。制订计划时需要考虑学生的可控制和可调节功能,要切实有效,让学生有效开展项目学习和实践,同时也有助于教师后期对项目的评价。

3.项目制作

学生在项目作品制作过程中需要通过有效的分组合作来进行,运用信息技术知识与技能来完善作品。学生在项目作品制作过程中,需要重点把握学习任务和要求,实现对前期问题的研究和解决,从而在主动意识的驱使下产生学习的强大动力。教师可以让学生进行形式丰富的成果展示,通过网页软件、演示文稿、研究报告等形式总结作品制作过程和成果,从而准确掌握学生在项目实践中的知识技能应用,进行良好的指导和监督,促使学生的项目实践获得更多的知识储备。

4.项目展示

作品制作完成后,有效的展示和交流能够达到相互学习和借鉴的作用。主持人可以引导学生积极展示作品,在分享的过程中提高学习成就感,不断增强学生学习的积极性和主动性。同时,主持人要适时点评,把握学生项目完成的具体思路和技巧并进行有效的总结、指导,让同组学生在作品交流和沟通的过程中学众人之长，达成良好的信息技术教育教学目标。主持阐述收集话题过程、思路、方法，通过面对面问答形式展示。

5.项目评价

学生在项目展示播放过程中，线上填写信息技术"导演课堂"节目评价量规、信息技术"导演教学"角色评价量规，进行多元评价，注重评价过程，从学生评价当中了解学生的设计思维。这个环节主要体现项目展示的"评估"，不仅要对小组项目作品进行评估，而且要对整个项目的实施过程进行评估。教师对照最初设定的项目话题，对个人及小组的知识和能力发展情况进行评估，并结合后续的教学设计，给出有针对性的发展建议和指导。项目学习评价机制是学生需要重点把握的关键环节。形成性评价和总结性评价能够帮助学生提高对信息技术学习的兴趣和热情。教师要有效把握学生表现、实践情况、合作能力等，使学生能够提高学习的自信心和积极性。此外，教师在进行评价的过程中，需要丰富具体形式，通过有效的教师评价、学生互评、自我评价提高评价体系的客观性和综合性，不断增强学生的应用意识和实践能力，进而提升我国高中信息技术教育质量和水平。

四、导演项目实践活动的特点及模式

(一)导演项目实践活动的特点

导演项目实践活动有 3 个特点：①真实性。真实性是导演项目实践活动的最主要特点，导演项目提供了真实性任务，即被选作供学生探究和完成的项目是学生实际生活、现实世界中真实存在的问题，希望学生利用课堂所学知识、原理去分析问题、解决问题。②规范性。导演项目实践活动的过程有规范和深度，有成熟的经验，有好的活动规范。③可见性。导演项目实践活动的可见成果将学科实践活动的效果评价具体化。

(二)导演项目实践活动的模式

1.培养目标

培养目标要围绕信息技术核心素养(高中信息技术学科核心素养由信息意识、计算思维、数字化学习与创新、信息社会责任 4 个核心要素组成)，而培养信息技术核心素养要从知识、能力、观念 3 方面进行。根据核心素养维度的核心概念，并结合项目的内容，设计项目的核心素养培养目标。

目标一:掌握本节课内容的基本概念。目标二:理解项目问题,能够将复杂的问题分解为多个简单的问题。目标三:通过与他人交流,发现自身的优点与不足,反思自己的方案,不断完善自己的作品,能够将在本项目中学到的知识技能运用到其他问题的解决中。

2.教学活动

教师的导演项目教学活动共包括 5 项,第一项是提出项目:教师创设情境。第二项是项目分析:对项目问题进行分析。第三项是设计项目:分析问题的需求及已知条件,判断解决问题的可能性和目标要求,粤教版教材高中信息技术课程中的必修 1《数据与计算机》和必修 2《信息系统与社会》共有 12 个项目,如新建一个节能环保宣传的网站、设计基于互动式网络教学平台的课堂教学评价、运用数字化工具探究数理知识、设计从 A 市到 B 市耗时最少的旅行路线方案、设计购买纪念品的最佳方案、进行网络购物平台客户行为数据分析和可视化表达、剖析空调企业智能客服机器人、调查计算机技术发展及其影响、剖析网络订票系统、设计智能家居系统、搭建网络学习管理系统、防范校园网络信息系统的安全风险。这些真实的场景和作品用到媒体资源选择与组合、积件到智件思想的转变,对需要解决的问题给出一个精确的描述,建立模型。第四项是项目实施:教师为学生提供微课、项目分解表、小组分工表等。学生按照项目设计,教师实时介入帮助学生完成项目任务。第五项是项目评价:教师组织学生进行展示交流与互评。首先进行小组内交流展示和评议,然后全班展示汇报与作品比拼,最后教师总结项目,让学生明确通过本项目应该掌握的知识与能力。组内展示评议:组内成员相互展示交流;小组成员之间对各自制作的作品进行评议,并提出改进建议;收集组内成员对自己作品改进的意见或建议并整理汇总,针对问题和不足,提出解决办法;进一步完善自己的作品。全班汇报比拼:各小组选出一个优秀作品,选派代表在全班进行展示汇报;各小组推选一名同学,与教师一起组成项目评审组,共同制订评价表;评审员根据评价表进行评价并对项目完成情况给出汇总评价结果,向全班公布。

3.实践总结

在教学生涯中,笔者开过很多公开课,也听过、评过许多年轻教师的课,观摩过诸多名师的课,这对笔者来说都是极好的教学经验借鉴,也为自己的教学理念及思想的形成奠定了基础。

导演项目实践活动基于项目式学习的相关理论和教学环节,构建了基于项目式学习信息技术核心素养培养模式。导演项目实践活动培养信息技术核心素养核心能力,在完成项目任务的过程中培养学生利用信息技术核心素养解决实际问题的能力,更加注重学生信息技术核心素养发展的过程性评价。同时,导演项目实践活动在多种案例中,均取得了较好的教学效果。在今后的研究中,应该将导演项目实践活动与更多的课程内容结合,以提高学生的信息技术核心素养。

第二章

信息技术教学体系构建

第一节　信息技术教学内容体系构建

《普通高中信息技术课程标准(2017 年版)》与《普通高中信息技术课程标准(2003 实验版)》相比,从内容的广度、深度,到知识的层次结构,都发生了很大的变化,不仅融入了许多信息技术的前沿技术,而且对学生信息处理能力提出了更高要求。可以说,信息技术是新一轮高中课程改革中,内容和结构变化最大的学科,是对信息技术课程的重建。

一、内容体系构建与新课标

《中小学信息技术课程指导纲要(试行)》是教育部 2000 年发布的,主要针对义务教育阶段的信息技术课程,不能作为高中信息技术课程标准的参照。

2003 年教育部颁发的《普通高中信息技术课程标准(2003 实验版)》是针对高中信息技术教育,从对各个学段课程任务的分析开始,重新审视信息技术课程的目标、内容、对象,在持续经历信息技术的基础上,形成个性化发展,逐渐丰富和发展信息文化的研究。课程的主要目标是:提升学生的信息素养,掌握基本的信息技术技能,学会运用信息技术促进交流与合作,明确信息社会公民的权利与义务、伦理与法规,为适应未来学习型社会提供必要保证。采用的信息处理工具以软件为主。信息技术成为普通高中阶段一个独立的科目,标志着信息技术教育得到了本次课程改革的肯定,信息技术课程的地位也得到了确认。信息技术作为技术领域中的一个科目,标志着信息技术既归类于技术领域,又不同于一般的技术。

但是转眼 14 年过去了,整个社会离不开信息技术,学生的信息技术水平不断提升,我们课堂教学还是停留在 14 年前,以软件操作为主,靠掌握各种常用软件知识。这种教学方式和教学内容,达不到"提升信息素养,培养信息时代的合格公民"这一信息技术课程的基本理念。

2017 年版课标与 2003 实验版课标的共同目标都是提升学生的信息素养。2003 实验版课标重在信息技术技能的掌握与应用,2017 年版课标强调构建具有时代特征的学习内容,兼顾理论学习和实践应用,将知识建构、技能培养与思维发展融入运用数字化工具解决问题过程中,让学生体验知识的社会性建构,成为具有较高信息素养的公民。

二、内容体系构建与新教材

《普通高中信息技术课程标准(2017 年版)》提出了多元课程体系:由必修、选择性必修和选修 3 类课程共 10 个模块组成。其中,必修模块为"数据与计算"和"信息系统与社会",共 3 个学分 54 课时,并以此作为学科学业水平合格性考试依据。新增 6 个选择性必修课程模块,每个模块 2 学分,作为必修课程的拓展与加深。学生可在修满必修学分的基础上,根据能力和发展需要选学相关模块。其中数据与数据结构、网络基础、数据管理与分析作为学科学业水平等级考试的依据,人工智能初步、三维设计与创意、开源硬件项目设计 3 个模块作为综合素质评价的内容,以便更好地满足学生升学和个性化发展的需要。选修课程包括算法初步和移动应用设计 2 个模块,为满足学生的兴趣爱好、学业发展、职业选择而开设,并列入学生综合素质评价的内容。课程标准的调整,不仅使课程设置更具有科学性、实用性和合理性,而且兼顾了学生的个性发展与升学需要,凸显学科核心素养,满足数字化时代对创新性人才培养的需求,是具有一定前瞻性和开拓性的调整,必将对今后信息技术教学及应用产生深远影响。新课标以数据为核心,围绕数据、数据处理、数据应用和项目探究,通过提供丰富资源,帮助学生掌握概念,了解原理,认识价值,学会分析问题,形成多元理解能力,并能利用数字化环境进行学习和创新,是一种新型的学习方式。

2017 年版课标提倡以项目探究和学生活动为导向,通过项目引导让学生了解探究项目的内容和要求,引导学生带着问题去思考和探究;通过列举与探究项目相关的活动,引导学生对知识进行总结和迁移;通过布置面向真实情境的相关任务,鼓励学生综合运用所学知识和技能,利用数字化环境解决问题,养成独立思考的习惯。

教材的编排和设计更贴近学生需求。在大数据时代,人们的生活离不开数据,每个人产生的数据反过来又会影响其他人的生活。百度地图和高德地图不间断地收集着路面交通实时数据,这些数据会对你的交通规划产生影响;你在淘宝或京东网站上的购物记录和顾客对商品的评价情况,也会影响你和他人对商品的选择和购买。在信息社会,学会对数据进行采集、编码、存储、分析和处理,让这些数据更好地为自己服务,是一项基本技能,也是信息素养的重要体现。

2017 年版课标从数据、数据采集、数据分析以及如何利用大数据来获取有用信息出发,通过列举生活中常见的信息技术应用案例,让学生了解隐藏在数据背后的重要信息。例如,可以通过探究"夜间灯光分布卫星图"等活动,让学生了解夜晚城市灯光亮度分布情况及图中蕴含的其他信息,探寻夜间灯光分布的规律及其原因,找出夜间灯光与能源消耗、人口增长和 GDP 增长三者间的关系,学会数据分析的一般过程。

数据编码和表示是数据处理的基础,通过"了解身份证号的编码规则"和"认识并制作二维码"等活动,让学生认识数据的编码方式和运算法则,知道二进制在信息编码中的重要作用;通过探究"声音数字化参数对音频文件的影响"和"图像数字化的过程和方法"等活动,使学生对声音和图像文件的数字化表示方法有进一步的了解,增强学习的兴趣。

数据并不是一堆枯燥无味的数字,深入挖掘数据背后隐藏的东西,可获取更多有用信息。数据处理与应用是信息技术的终极目标。例如,在智能停车场中,停车引导和车辆收费是其中最重要的两个环节。智能停车系统能够自动记录车辆占位和停车时间等信息,实现无人值守,自动收费。同时,系统还应该和其他智能停车场实现数据共享,构成智能城市停车系统,引导附近车辆快速找到停车位,提高车位利用率。通过探究"认识智能停车场中的数据处理"等活动,让学生经历数据处理的一般过程,体验真实环境中数据的处理方法,感受数据处理的全过程。通过这些探究活动,学生还可以学到利用超声波和摄像头等传感器采集数据,采用"问卷星"等手段在网上快速搜集数据的方法,使信息处理能力得到进一步提升。

人工智能是一门新兴学科。近年来,随着大数据的广泛应用和智能算法的不断改进，人工智能技术得到了空前的发展。现在，机器人、无人驾驶、刷脸支付、语音识别、机器翻译、智能识图等应用已经走进百姓生活。人工智能正以一种超乎想象的方式，对人们的生活产生深远的影响。通过探究"了解手写数字识别"等活动，让学生体验从数据采集、特征提取、模型建立到文字识别等人工智能的处理过程，了解机器学习，认识人工智能对社会发展的巨大影响。

三、内容体系构建与新模式

信息技术的迅猛发展，使得高中信息技术的课程目标由单纯的掌握技术应用上升为信息素养的培养，教学内容也越来越多地反映出综合实践性和研究性课程的特点。项目教学以结构不稳定、接近真实情境的问题为学习动力，以教师为导向，以小组合作为主要学习方式，让学生在问题解决中构建知识结构，培养全面素质。它既是一种探究式教学模式，也是一种研究性学习模式，强调学生对真实问题进行自主探究，强调小组合作学习，强调实践创新，这与信息技术教学理念相吻合。

（一）教学内容选取

教学内容的构建体现了信息技术核心素养。2014 年教育部发布文件要求制订学生发展核心素养体系，2016 年发布中国学生发展核心素养，2017 年年底教育部发布新课标，明确指出"为实现核心素养与课程教学的内在联系，基于学科本质凝练了信息技术学科的核心素养"。导演项目教学内容体系构建要围绕 3 个体系：学科大概念、多元课程体系、项目学习活动。学科大概念有数据、算法、信息系统、信息社会。多元课程体系有必修课程、选择性必修课程、选修课程。项目学习活动有问题解决与知识建构、项目设计与实施、信息化学习情境。结合高中信息技术课程教学，构建导演项目教学体系，有效促进学生信息技术核心素养培育，要特别注意教材选取和教学内容的选取。

（二）教材选取

我们学校选的是广东教育出版社出版的教材，由华南师范大学教育信息技术学院的徐福荫教授主编。教材的编写都经过多位高校的信息技术专家审阅与反馈，教材涉及的知识内容具有很强的科学参考性。粤教版信息技术教材是根据"新课标"具体要求及国家现行文件对信息技术人才的要求编写的,教材根据信息技术内容进行框架设计,体现了《普通高中信息技术课程标准(2017年版)》中规定的四大信息技术学科核心素养。教材帮助培养学生对信息技术的学习兴趣,教材也帮助培养学生的学科素养。广东教育出版社版的教材编写特点:教材对学生的信息意识的建立、培养、发展提出要求,也对学生创新意识的培养提出要求。教材对章节分类较细,标题明确,内容翔实,多采用数据进行举例说明,每章内容后呈现本章内容回顾与总结,适用于学生进行自主学习。粤教版设置"调查"环节,要求学生亲自调查与本课程相关的内容,收集相关数据并进行分享,提升学习者的参与感和体验感。

(三)教学方式选取

《普通高中信息技术课程标准(2017年版)》正是为了帮助学生适应今后信息社会而制定的课程标准。信息技术教师要巧用多种教学方式,激活信息技术课堂,树立正确的教育观念,深入探究信息技术的课堂教学内容,研究信息技术教学评价,提升信息技术核心素养。学科核心素养是指学习者在所学学科内形成的必备素质。高中导演项目教学内容涵盖系列丛书,包括必修书目、选择性必修书目、选修书目若干。其中,必修书目是全面提升高中学生信息素养的基础,强调信息技术学科核心素养的培养,渗透学科基础知识与技能,是每位高中学生必须修习的课程,是选择性必修书目和选修书目的基础。必修书目包括"数据与计算"和"信息系统与社会"两个模块。选择性必修书目是根据学生升学、个性化发展需要而设计的,分为升学考试类课程和个性化发展类课程。选择性必修书目旨在为学生将来进入高校继续开展与信息技术相关方向的学习及应用信息技术进行创新、创造提供条件。选择性必修书目包括"数据与数据结构""网络基础""数据管理与分析""人工智能初步""三维设计与创意""开源硬件项目设计"6个模块。其中,"数据与数据结构""网络基础""数据管理与分析"3个模块是为学生升学需要而设计的课程,3个模块的内容相互并列;"人工智能初步""三维设计与创意""开源硬件项目设计"3个模块是为学生个性化发展而设计的课程,学生可根据自身的发展需要进行选学。选修书目是为满足学生的兴趣爱好、学业发展、职业选择而设计的自主选修课程,为学校开设信息技术校本课程预留空间。选修书目包括"算法初步""移动应用设计"以及各高中自行开设的信息技术校本课程。

信息技术学科核心素养直接指向的是"人"的素养,是人们在信息技术方面的核心能力和必备品质,强调的是人、技术、社会之间的关系,通过这种素养,人们可以更好地生存在信息社会中。早在2003年,教育部《中小学信息技术课程指导纲要(试行)》明确指出,中小学信息技术课程的主要任务是:培养学生对信息技术的兴趣和意识,让学生了解和掌握信息技术基本知识和技能,了解信息技术的发展及应用对人类日常生活和科学技术的深刻影响。根据试行要求,国家教研部门开始建设信息技术课程体系,其中,作为信息技术课程载体的信息技术教材对课程的实施有着举足轻重的影响。在高中阶段,信息技术教材是一线教师开展信息技术课程的主要依托,也是学习者理解与把握信息技术课程的重要工具。

(四)作品的选取

信息技术项目学习作品形式有多种选择,基于项目学习作品,按作品形式来划分有报告、模型、视频、程序、网站等多种作品形式;按项目作品的类型来划分有解释说明类作品(如过程报告)、表现类作品(如自制电子琴、网站);按作品团体性来划分有团队作品、个人作品,个人作品能有效保障个体学习质量。学生项目作品有对应的评价量表,评价量表用来区分不同的作品水平和学习质量。

第二节　信息技术教学过程设计与开发

信息技术教学过程设计与开发包括教学过程的研究、设计与优化。

随着教育部发布《普通高中信息技术课程标准(2017年版)》,高中信息技术课程被重构,调整了众多内容,划分了学科核心素养水平。高中信息技术教学要与时俱进,高中信息技术课程教学实施是项目教学,是实现高中信息课程目标的关键环节。高中信息技术教师要研究各个版本新教材,研究项目教学、设计项目教学和优化项目教学,在教学设计和教学策略中体现落实信息技术学科核心素养。因此,基于项目学习的教学开发、设计与优化,对培养学生信息技术核心素养具有理论及实践意义,是现阶段高中信息技术教师的主要任务。

一、教学过程研究

教学过程研究要围绕党和国家教育方针,如五育并举(德育、智育、体育、美育、劳育)、七个层面(立德树人、素质教育、三维目标、核心素养、课程方案、课程标准与考试大纲、课程与教学设计)。导演项目教学过程研究要基于项目学习,教学过程研究要落实学科核心素养、课程标准内容、创造性思维、学科核心素养水平设计评价、创新教学组织形式。教学过程研究方法有 3 个:第一,文献研究法,通过搜集并整理分析国内外相关文献、杂志、网上资料等,掌握与本课题相关的研究成果,为导演项目教学提供研究依据和理论基础。第二,调查研究法,通过对学生进行问卷调查,了解学生的项目学习需求;通过对教师进行访谈调查,了解中学信息技术学科教学现状,研究导演项目教学设计模式在中学信息技术学科教学中的可行性及其优势,以便更好地提高中学信息技术学科教学效果。第三,实例研究法,依据"导演项目教学设计模式"的相关设计模板与相关设计表,开发设计基于导演项目教学平台的具体课程案例,实施基于导演项目教学的具体教学,并进行教学评价,从而了解导演项目教学模式在中学信息技术教学中的可行性及教学效果。

二、教学过程设计

清楚学科核心素养、基于项目学习的含义,清楚基于项目学习与信息技术学科教学之间的关系,清楚基于项目学习的导演项目教学设计、教学设计中体现落实信息技术学科核心素养。不仅要符合新课标的规定,更要重视学习者的信息技术能力的发展,满足当前信息社会对当代高中学生提出的切实需求。吸纳一线教师参与教学过程优化,也需要相关领域专家参与教学过程设计,必须保持与时俱进,保证信息技术教材的时效性。吸纳一线的中小学教师团队参与教学过程设计,这样能够更深入地认识到一线教师的需要与当前学生的信息技术水平,也可以增强教材的衔接性,完善设计的连贯性,帮助学生建立更稳固的信息技术知识结构,避免出现知识脱节的现象,为全面培养学生的信息技术学科素养打下坚实基础。

三、教学过程优化

教师组织的项目教学过程有情境、主题、规划、探究、实施、成果、评价。教师围绕"情境、主题、规划、探究、实施、成果、评价"的项目范例主线开展教学活动，帮助学生掌握本教科书的基础知识、方法与技能，增强信息意识，发展计算思维，提高数字化学习与创新能力，培养正确的信息社会价值观和责任感，从而促进学生的信息素养提升。学生基于项目学习包括项目选题、项目规划、方案交流、探究活动、项目实施、成果交流、活动评价。学生围绕"项目选题、项目规划、方案交流、探究活动、项目实施、成果交流、活动评价"的项目学习主线开展学习活动，体验"做中学、学中创、创中乐"的项目学习理念和实施"从实践入手、先学后教、先练后讲"的项目学习策略。

基于项目教学过程的优化，要重视全面培养学生的信息技术学科素养，将知识建构、技能培养与思维发展融入运用数字化工具解决问题和完成任务的过程中，促进信息意识、计算思维、数字化学习与创新、信息社会责任的信息技术学科核心素养的达成。首先，教学过程优化要重视目标的搭配，要立足于学生当前的起点水平与认知结构，注重难易搭配，便于学生的学习和使用。其次，教学过程优化要重视体验环节，不断增强教材内容与社会生活的联系，重视体验环节，适当增加体验活动，引导学生在生活中体验信息技术带来的便利，培养创新精神。适度增加教材内容的趣味性和互动性，将信息技术的理论学习与实践应用充分结合起来。最后，教学过程的优化要注重信息社会责任的培养，信息社会责任是信息技术学科素养中的重要一环，经常容易被忽视，同时要注重学生信息安全、国家安全意识的培养。

第三节　信息技术教学元素

在实施高中信息技术课堂教学中，教学元素是不可缺少的。教学元素主要包括场景元素、工具元素、主体元素、资源元素。如果结合课堂教学的需求，适当融入信息技术教学元素开展教学引导，不仅可以为教学提供更多的帮助,还可以为达到高效课堂奠定基础。

一、场景元素

　　课堂是学生学习的场所,是学生成长的发源地。教师要不断更新教学理念,变革教学方式方法,以解决实际问题为教学主线,创设教学场景;引导学生敏锐捕捉信息、准确判断信息、果断筛选信息、自主传播信息、科学处理信息及创造应用信息;要正确分析和把握学生学习的基点,找准教学的切入点,让学生尽快投入学习过程,激发学生灵感,引导学生共享思路,主动学习信息技术,积极参与信息活动,自觉利用信息技术改善学习与生活质量,共同建构健康的信息文化;要营造民主平等、宽松和谐的课堂气氛,引领学生大胆进行创新思维,既关注师生的动态生成,又关注学生个性差异的发展;要坚持以问题为导向,鼓励学生学会运用所学信息技术知识与技能解决实际问题,在实践中创新、在创新中发展。

　　学生的知识是不会主动变成能力的,要通过创设场景;同样能力也是不会主动变成素养的,只有创设学科场景,才能把知识、能力变成素养。通过场景获得教育,立足学会,激发兴趣,培养能力,形成智慧,达成素养,这才是新一轮课程改革中教与学的全新场景。

二、工具元素

　　教学工具不只是粉笔加黑板,而是丰富多元的。学习工具不只是笔和纸,也是丰富多元的。学习工具由"大脑＋语言"变为"大脑＋网络",如线上直播、线上评价、多种互动、现场提问,使得学习变得便利和高效。学习工具具体包括数据采集工具、分析和可视化工具、程序设计语言工具、思维导图工具,即通过网络数字工具共享资源,与他人进行交流合作,参与网络社区互动,具有跨文化意识。简言之就是数字环境中的交流能力,即确定数字信息需求,根据需要选择最合适的数字工具,通过数字化手段解决问题,创新性使用技术,并能解决技术问题。教师还应引导学生将应用需求与发展变化相联结,主动适应信息技术的发展。譬如,每一类新的工具都是为解决某些特定问题设计的,而这类工具的新版本或更新换代产品,都是为满足新的需求或提供更有效的方法而设计的,要引导学生在具体工具的使用中认识优点、发现不足并提出富有创造性的改进建议,养成主动适应发展变化的习惯。

三、主体元素

所谓主体元素，就是学习个体要清醒地认识到自己是学习的主体，是获取、分析、传播、处理、评价、应用信息的主体，而不是被动的接受者。在深化素质教育与深化课程改革的背景下，信息技术课程的教师决不能总是"边讲边练""任务驱动"，而必须将课堂学习的主动权还给学生，使学生真正成为学习的主人。为此，教师应重组课堂，给学生充分实践的时间与空间。由于信息技术课程教学操作性强的特点及教学的现实状况，教师必须立足于课堂，是课堂导演而不是主演，将课堂讲解、课堂练习与课后作业有机融合，既要在课堂上教授新的知识，又要在课堂上进行技术的实践操作，努力使所有学习任务在课堂上完成，积极倡导学生主动参与、乐于探索、勤于思考，使学生真正成为学习的主人，从而增强对信息技术发展变化的适应能力。

四、资源元素

建构主义者提倡，应该强调利用各种信息资源来支持"学"，而非支持"教"，即从文字处理到图形图像、视频等的创建和编辑新内容的能力，重新整合先前知识和内容，产生信息的创意式表达及媒体输出和编程，并合理应用知识产权的能力。

信息技术课的教资源元素包括两类：其一是数字化资源，如教学软件、专业资源网站大数据、人工智能、移动应用、数据结构等；其二是非数字化资源，如图书、报刊、录像、3D打印和开源软硬件等。教师应密切结合教学实际，收集、组织、开发必要的教学资源，建立不同层次、不同类型的资源库。在教学资源的建设中，应面向学生的需要，为学生自主学习提供更多的支持；应遵循相关技术规范，便于交流与共享；应充分利用网上共享资源，避免低水平重复开发；确定获取资料的来源（因特网、报刊书籍、广播电视、访问科学家或研究人员或家庭成员）。教师应引导学生参与教学信息资源的收集、组织、开发，让学生在参与资源建设的过程中学习；应重视信息技术课程教学相关资源的开发、应用与管理，为信息技术的学习创设丰富、健康、安全的网络环境。

第四节　信息技术教学方法

一、项目教学法

项目教学是一种通过设置一定的问题情境,让学生在问题情境中探索解决办法并提供引导和给予所需资源,从而使学生提高问题解决技能,发展问题解决策略,提高学生学科知识的教学模式。

项目教学法最初是 20 世纪 60 年代在加拿大一些大学发展起来的"一种课程建构的方法",目的是帮助医学院学生为将来正式行医做好实战准备,后来发展到多种学科、多个国度和不同层次的学校教育中。它始于为学生提供一个真实的或接近真实的、源自生活的、结构不稳定但是多解的问题;学生通过小组讨论来激活相关的已有知识,通过对比已有知识和解决问题所需要的知识,确定获取进一步信息的领域,并初步提出一个问题解决方案;每个小组成员负责解决方案中不同方面信息的收集、整理和归纳,进行自主学习和研究;学生定期与小组成员分享、总结学到的新知识,不断修正最初所假设的解决方案;最后,学生向全班展示小组结论,并进行充分的反思和自我评价。

导演项目教学法是基于项目学习的,《普通高中信息技术课程标准(2017 年版)》对基于项目学习的定义是:"学生在教师引导下发现问题,以解决问题为导向开展方案设计、新知学习、实践探索,具有创新特质的学习活动。"学者黄纯国、殷常鸿对基于项目学习的定义是:"基于项目学习是使学生在设计与计划、问题解决与制作作品、作品交流中,学习知识和技能,是一种系统化的教学方法。"[①]教学主题式学习项目主要按照每本教材章节内容进行设置,与章节设置的数目相同且内容相关。

项目学习理念:做中学、学中创、创中乐。

---

① 　黄纯国,殷常鸿.信息技术环境下的项目学习研究[J]中国电化教育,2007(5):74.

项目学习策略:实践入手、先学后教、先练后讲。实施导演项目一般设置在章节的开始,由情境、主题、规划、探究、实施、成果与评价 7 部分组成,也有拓展的选题可供选择,通过情境性案例进行导入。

实施项目教学环节:项目需求分析、制订实施方案、新知探究、方案实施、作品展示交流、评价总结、拓展提升。

实施项目教学主体:学生演的作用——小组合作、逻辑分析、组织信息、方案制订与实施、知识与技能、自主探索,是主体;教师导的作用——思维引导、知识与技能、拓展新知、创新引导、阶段点评、问题迁移;主体元素——学生为主,教师辅导,项目学习基于真实场景。

实施项目学习支架:资源支架、技术支架。

资源支架构建:导演项目学习用到媒体资源选择与组合,积件与智件转变。媒体资源选择与组合有课件、微课、学习资料,提供了项目资源范例和项目资源供学生参考。例如,广东教育出版社出版的《数据与计算》(必修 1)项目整理分析,设置 6 个项目资源范例,18 个可供学生选择的项目资源选题,共 24 个项目资源,项目资源范例与项目资源选题相互呼应,同理不同例,将基于项目学习覆盖教学内容。项目资源范例与项目资源选题共 24 个,分别是:"体验庆祝国庆多媒体作品的数据与信息处理""体验庆祝国庆录音作品的数据与信息处理""体验庆祝国庆摄影作品的数据与信息处理""体验庆祝国庆视频作品的数据与信息处理""运用数字化工具探究数理知识""运用数字化工具探究化学知识""运用数字化工具探究生物知识""运用数字化工具探究地理知识""设计从甲市到乙市耗时最少的旅行路线方案""设计从甲市到乙市交通费用最少的旅行路线方案""设计从甲市到乙市路程最短的旅行路线方案""设计从甲市到乙市交通费用大约相同而耗时最少的旅行路线方案""设计购买纪念品的最佳方案""设计购买电信服务的最佳方案""设计购买家用电器的最佳方案""设计购买图书的最佳方案""网络购物平台客户行为数据分析和可视化表达""网约车平台客户行为数据分析和可视化表达""社交平台客户行为数据分析和可视化表达""网络学习平台客户行为数据分析和可视化表达""剖析空调企业智能客服机器人""剖析洗衣机企业智能客服机器人""剖析微波炉企业智能客服机器人""剖析电冰箱企业智能客服机器人"。基于项目学习在求知的同时,也在强调应用中不断利用资源平台,使自己的作品不断创新。

技术支架构建:鼓励教师和学生在实施项目学习过程中,运用多种信息技术工具。工具元素由"大脑＋语言"变为"大脑＋网络",要教师学习希沃白板、教学助手、针对信息技术学科的工具平台等,这些平台为项目学习的开展提供了重要环境和技术支撑,要求教师还要学习许多相关工具软件,如几何画板、微课制作工具等软件工具,并学会网络线上直播、线上评价。特别强调:推荐使用思维导图进行规划、掌握和制作多媒体课件。多媒体技术是集文字、声音、图像、视频、通信等多项技术于一身,采用计算机的数字记录和传输传送方式。多媒体技术涉及计算机硬件、计算机软件、计算机网络、人工智能、电子出版等,其产业涉及电子工业、计算机工业、广播电视、出版业和通信业等。

思维导图软件是一个创造、管理和交流思想的通用标准可视化的绘图软件,有着直观、友好的用户界面和丰富的功能,可以帮助有序地组织思维、资源和项目进程。同时思维导图软件作为一个组织资源和管理项目的方法,可从脑图的核心分支派生出各种关联的想法和信息。通过思维导图可以随时开展头脑风暴,帮助人们快速理清思路。思维导图还可以以鱼骨图、二维图、树形图、逻辑图、组织结构图等结构化的方式来展示具体的内容,师生在画思维导图的时候,可以时刻保持头脑清晰,随时把握计划或任务的全局,从而帮助人们在学习和工作中提高效率。思维导图在教学中的应用:辅助思维与决策,归纳整理工作和学习的思维和思路;帮助头脑风暴活动,学生可以将自己的观点用概念图表达出来,引导和激发讨论;辅助整理和收集资料,帮助教师和学生从繁杂的资料中找到信息间的内在联系;协作学习的工具,学生合作制作概念图,共同发展认知,解决问题。

二、项目式学习与研究性学习融合创新

(一)项目式学习与研究性学习的区别

1.项目式学习

在前面说过,项目式学习是指学生在教师引导下发现问题,以解决问题为导向开展方案设计、新知学习、实践探索,具有创新特质的学习活动。

2.研究性学习

2001 年 4 月,教育部印发《普通高中"研究性学习"实施指南(试行)》指出:研究性学习是学生在教师指导下,从自然、社会和生活中选择和确定专题进行研究,并在研究过程中主动地获取知识、应用知识、解决问题的学习活动。研究性学习与社会实践、社区服务、劳动技术教育共同构成"综合实

践活动"。可见,研究性学习是以培养学生发现问题、提出问题,从而解决问题的能力为基本目标;以学生从学习生活和社会生活中获得的各种课题或项目设计、作品的设计与制作等为基本的学习载体;以在提出问题和解决问题的全过程中学习到的科学研究方法、获得的丰富且多方面的体验和获得的科学文化知识为基本内容;以在教师指导下,以学生自主采用研究性学习方式开展研究为基本的教学形式的课程。也就是研究性学习是一门课程,一种学习方式,一种活动,一种研究,学生自主发现问题、提出问题,在教师指导下实施问题研究,形成结论,交流与呈现结果,也即从发现问题开始,到问题解决结束。

研究性学习是一门课程,属于综合实践课。2020 年 8 月《福建省教育厅关于普通高中课程设置与管理的指导意见》指出:综合实践活动共 8 学分,包括研究性学习和社会实践。研究性学习 6 学分,在高一、高二年级开设,以开展跨学科研究为主,须完成 2 个课题研究或项目设计,原则上 1 个学年完成 1 个课题,其中 4 学分安排在课内进行,确保每周 1 个课时,其余 2 学分可安排在课外进行。社会实践 2 学分,包括党团活动、军训和社会考察等。学校要因地制宜,科学安排综合实践活动,发挥综合实践活动在促进学生发展中的独特作用。

3.项目式学习与研究性学习的对比

第一,实施场景不同。项目式学习在课内完成,研究性学习在课外完成。

第二,指导方式不同。项目式学习在教师指定课题下,学生根据教师的方案完成。研究性学习由学生自选课题,自行完成。

第三,评价方式不同。项目式学习进行作品交流、评价总结,没有学分认定。研究性学习由学生自选课题,自行完成,后由指导教师认定,给定学分。

第四,作品形式不同。项目式学习完成任务文字、动画、视频即可。研究性学习要求完成文字、动画、视频,还要上传到指定的网站。

(二)项目式学习与研究性学习互相联系

1.项目式学习与研究性学习都是跨学科综合性教学

2020 年 7 月福建省教育厅文件《福建省普通高中新课程实施方案》在推进课堂教学改革部分指出:坚持按照教育教学规律循序渐进开展教学,注重培养学生学习能力,突出基础知识、基本技能、基本方法,培养正确价值观念、必备品格和关键能力。创新教学方式,创设关联生活、任务导向的教学情境,积极探索互动式、启发式、探究式、体验式等教学模式,注重加强课题研究、项目设计、研究性学习等跨学科综合性教学。

2.项目式学习与研究性学习都是以育人为目的

项目式学习与研究性学习都是以学生为主体,育人为本。育人为本凸显了学生学习发展主体地位,切实提升育人水平,努力培养德智体美劳全面发展的社会主义建设者和接班人。

(三)项目式学习与研究性学习融合创新

2020年福建省教育厅制定的《福建省普通高中学生综合素质评价实施办法》提出,要坚持发展性、客观性、公正性、可操作性原则,基于学生发展的年龄,结合当地教育教学实际,科学确定学生综合素质评价的具体内容和要求。

综合素质评价实施办法明确,评价内容主要包括6个方面:一是思想品德,主要考查学生的政治素质、道德品质、法治意识和行为习惯养成情况;二是学业水平,主要考查学生各门课程基础知识和基本技能掌握情况,以及综合运用知识分析解决问题等能力;三是身心健康,主要考查学生的健康卫生意识、健康生活方式、体育锻炼习惯、身体机能、运动技能、心理素质、安全素养等;四是艺术素养,主要考查学生对艺术的审美感受、理解、鉴赏和表现的能力;五是社会实践,主要考查学生的社会责任感、创新精神和实践能力情况;六是劳动素养,主要考查学生的劳动观念、劳动能力、劳动精神、劳动习惯和品质等情况。

社会实践部分要求开展研究性学习,福建省教育厅建设"福建省普通高中学生综合素质评价信息管理系统",并要求学校须在学生入学后在系统上为其建立综合素质评价的基础档案,及时录入学生各个维度在各学期的发展结果,学生毕业前汇总生成《福建省普通高中毕业生综合素质评价报告》,其中就有"研究性成果"。

项目式学习与研究性学习融合创新了。那么,什么叫融合创新呢? 融合的意思就是几种事物互相融合,不分你我,创新是在原来的基础上进行改造升级。项目式学习是新课标下的学生必须掌握的一种学习方法,研究性学习是新课标下学生必须掌握的一门学科。在研究性学习中融入项目式学习,两者既有联系又有区别,学生有了方向,便不会茫然迷惑。在新课标以后,项目式学习在新课标当中多次提到,要求在多种学科实行项目式学习,特别是信息技术学科要求运用项目式学习,项目式学习是新课标所提倡的。研究性学习属于综合实践学科,是综合实践当中的主要的学习内容,现在国家鼓励广大教师跨学科教学,教师本人就在跨学科教学当中实行项目式学习与研究性学习。

不管是项目式学习还是研究性学习,都是针对学生的,都是新课标下所倡导的,都是在信息技术环境下的。不管是项目式学习还是研究性学习,都是针对学生学习的,都是学生所必须掌握的。也就是项目式学习实施采用研究性学习,研究性学习实施采用项目式学习也可以。不管是项目式学习还是研究性学习,都是异曲同工之妙,都是为了达到育人的目的。这就是新时代育人方式的改变。

第五节　导演项目教学评价构建

随着计算机技术和网络技术的迅猛发展,信息和知识在社会发展中扮演着越来越重要的角色,信息化已经成为社会发展的主流,推动整个社会的进步。在这种环境下,系统的项目化教学尤为重要。作为高中信息技术教学中的重要组成部分,信息教学的评价除了要具备调节、反馈、改善教学质量等功能,还应满足新课改的要求,推动学生的成长及发展。因此,构建合理的教学评价体系对于信息化教学大有裨益。高中信息技术课程以时代为背景,评价时不能仅仅以考试为核心进行横向比较,这样是不能提升学生信息技术素质的,也不能确保评价的真实性与实效性。

一、导演项目教学评价内容

导演项目教学评价的内容由教师评价内容、项目真实性评价内容、学生评价内容、学习媒体支架内容、学生作品互动评价内容、学生核心素养水平与学业水平评价 6 个要素构成。从整个导演项目教学系统观点考虑,6 个要素不是单一的、没有关联地拼凑在一起,而是相互联系并融合在一起的。发挥评价对教学的激励、诊断和促进作用,评价应面向全体学生,尊重学生的主体地位,评价应公平公正。

(一)教师评价内容

教师评价内容有 3 个方面。首先,对教师在实施项目教学过程中,对实施项目内容及总体创新引导情况进行评价。第二,对学生在项目学习中小组合作、逻辑分析、组织信息、方案制订与实施、自主探索情况进行评价。第三,对学生进行核心素养的培育情况进行评价。评价目标依据学科核心素养水平,评价内容依据学业质量水平,评价方式包括上机测试、作品评价等,评价维度应充分科学合理,将评价表发给学生填写,收集数据,分析评定。评价最后得出结论:学生是否达到教学目标,从而测出学生核心素养水平等级。

(二)项目真实性评价内容

项目评价内容主要考虑真实性。学生设计的项目是不能假设的,在生活实际中是真实可见的。可以是自己选题,将社会、经济、文化、科技和生活中的问题作为项目进行选题,通过自主探究、亲身实践的过程综合地运用已有知识和经验解决问题。在项目学习时,学生需要根据所学知识进行原创作品的创作,再对作品进行认知能力及情感情绪等的评价。如在导演项目教学中,应分析学生的作品设计及实践活动能力,通过作品了解其信息技能的掌握情况,采用自主评价、互评及师评等互动式评价方式,以减少主观偏差,教师需要对评价的整个过程给予科学的指导,并对评价结果进行指示,制定必需的规则及评分标准,以便为合理评价学生提供依据。学生处于一种开放式的学习环境中,有利于创新精神和实践能力的培养。

(三)学生评价内容

对学习过程进行评价:在高中的信息技术教学中,不同内容模块对学生活动、知识及能力要求也不尽一致。比如实施教学任务时,我们就可以利用学习支架进行辅助教学,按照科学的标准,运用有效的技术手段,进而达到师生互动、生生互动。教师可以对学生学习积极性,能否从被动接受教学模式中走出来,能否在教师指导下自主探求知识,能否主动进行自身知识模块的构建,能否和其他学生合作学习,能否创造性学习,能否倾听、分享、理解、协作等情况进行观察。

例 1:可以围绕学生在活动过程中的规划意识和规划能力、信息技术应用水平(包括信息作品创作过程中的个性和创造性)、学习态度和参与意识、投入程度、交流能力与合作精神、问题解决能力等制定面向活动过程的评价指标。如果需要对学生活动过程、设计过程、思维过程等方面进行深入考查，可以选择少数学生进行深度访谈，访谈之前应设计好访谈主题或问题，制订访谈计划并做好访谈记录。

例 2：可以围绕几个方面制定评价指标，评价学生利用信息解决问题及开展交流合作的能力：学生能否结合任务或问题情境的要求确定合适的信息来源；学生能否制订切实可行的信息收集计划；学生能否根据问题要求采集和评价信息、管理信息、加工信息、利用信息解决问题；学生能否利用信息技术清楚地表达观点、思想，呈现问题解决的答案；学生能否根据问题解决的需要评价各种可用的信息技术设备、工具和资源的潜在优势和不足，选用合适的信息技术设备、工具和资源解决问题；学生能否体会到与他人合作解决问题的重要性，并能利用合适的信息技术与他人进行有效交流、合作；学生能否对解决问题的过程进行反思，获得解决问题的经验，提高相关能力。

（四）学习媒体支架内容

对学习媒体支架的评价主要考虑学习媒体支架与教学是否恰到好处。基于学习媒体支架进行辅助教学时，要注意与项目学习融合创新情况。信息技术作为学习媒体支架已经深入教学的各个环节，正在对教师、教材、学生产生深远的影响，也对教师项目教学、学生项目学习产生影响。特别是互联网技术、大数据技术用在线上直播、线上评价、多种互动、现场提问等方面，能改变传统的时空学习观。通过智能软件，学生在项目学习过程中既有很大的自主权，又能保证项目学习不会发生质的偏离，能在适当的时候得到老师、同学的指导。

（五）学生作品互动评价内容

广东教育出版社出版的教材给出了项目活动评价表，根据不同的学科素养达成目标进行分类，确立了以项目学习的过程为评价途径的一级指标与二级指标以及优秀、良好、中等、仍需努力 4 种评价量级，确认了评分的等级与评分结构，量表配备详细完善。以"体验庆祝国庆多媒体作品的数据与信息处理"项目活动评价表为例，评价的一级指标有 5 个：作品选题、规划与分析、工具与方法、步骤与过程、成果与报告。根据本节课学习的实际情况，自评、互评学习效果，填写评价等级，共分 4 个等级：优秀、良好、合格、有待进步。优秀:能够独立出色完成任务,操作十分熟练,轻松顺利完成探究问题。良好:基本能够独立完成任务,操作熟练,能主动和小组同学合作完成探究问题。合格:能在规定时间内完成任务,参考操作微课视频或请教老师、同学后基本能够完成任务,操作还不熟练。有待进步:不能完成任务,在老师、学生的帮助下才能完成任务,要"手把手"亲自教才能完成软件操作。

项目学习评价:感知项目、理解项目、应用项目、创造项目。项目学习过程:小组合作能力、自主探索能力,特别是学生在展示交流中的表现。作品评价:学生拥有项目学习的案例、资源、作品。

（六）学生核心素养与学业水平评价

2017 年 12 月发布的《普通高中信息技术课程标准(2017 年版)》在教学与评价建议中明确指出:评价的目的与内容应根据学科核心素养的水平层级、各模块相应的学业质量水平确定。学业水平合格性考试达到学科核心素养水平一,学业质量水平二,即为合格。在学业水平命题建议中明确指出:根据学业水平考试的性质及要求,考核以必修 2 个模块为基础,以考核学业水平二为依据,结合当地学生情况命题。课标解读指出了基于学科核心素养与基于学科知识点命题的区别:强调命题的开放性和综合性。①强调开放性。测评信息技术学科核心素养的试题大部分应是开放性试题,仅给出建议性答案,这一点与基于知识点命题形成鲜明对比,学生的答案可能会超出命题专家给出的范围,但只要是合理的,就应该被认可。②强调综合性。测评信息技术核心素养的试题关注对知识综合应用,而不是仅限于考查某个知识点,必须强调学生跨章节、跨模块综合应用各种知识与技能。综合性越强,越能测评出学生的学科核心素养水平等级。

如针对信息意识,学科核心素养水平一:针对特定的信息问题,自觉、主动地比较不同的信息源,能描述数据与信息的关系,确定合适的信息获取策略。根据不同受众的特征,能选择恰当的方式进行有效的交流。依据特定任务需求,甄别不同信息获取方法的优劣,并能利用适当途径甄别信息。在日常生活中,根据实际解决问题的需要,恰当选择数字化工具,具备信息安全意识。

二、导演项目教学评价作用

(一)促进教学改革,发挥评价的导向功能

素质教育的开展,促进了教师教育观念的更新和教学方法的改变。如何从过去"为选拔适合于教育的儿童"转变为今天的"创造适合于儿童发展的教育",面向 21 世纪,不断提高课堂教学质量,培养适应未来社会发展需要的人才,是当前每一位教育工作者在教学改革中需认真思考的问题。在过去的教学活动中,由于缺乏统一的要求和评价标准,教师的课堂教学具有一定的盲目性和随意性,易受到社会上各种思潮的影响和干扰。在教学中存在着重知识轻能力、重结论轻过程、重模仿轻创造、重教法轻学法等诸多不足,存在着教学方法落后、教学手段陈旧及在教学中满堂灌而不注意调动学生的学习积极性等许多问题,不利于课堂教学质量的提高。建立科学的课堂教学评价体系,可以充分发挥评价的导向作用,引导广大教师树立正确的教育观、质量观和人才观,使教师明确对自己的要求和努力的方向。

(二)加强教师之间的相互交流,发挥评价的激励功能

开展课堂教学评价可以使教师在相互听课、评课活动中增进了解,互相学习,取长补短,不断提高自己的教学能力和教学水平,激发教师的内在需要和动力,增强勤奋工作的热情和信心,鼓励教师逐步形成个人的教学特色和教学风格。

(三)通过反馈与调节,发挥评价的改进功能

在课堂教学评价中,反馈、指导和改进是评价目标得以实现的关键。为了使教学活动不断接近教育目标,就必须对活动过程中偏离目标的行为进行修正。评价过程的各个环节实际上都是为了最终的调节和改进提供依据。教师借助于评价的反馈信息,可以及时了解教学目标的完成情况,掌握学生的学习动态,发现教与学中存在的问题与不足,从而调整教学内容,改进教学方法。

（四）优化学校管理工作，发挥评价的决策和鉴定功能

课堂教学评价是评价教师工作的重要组成部分，也是学校评价体系的核心内容。评价课堂教学质量是加强教师队伍管理和考核的有效措施。通过全面系统的评价，可以有效地鉴定教师的教学态度、教学质量、工作能力和业务水平，为领导的管理决策提供信息，为教师今后的评优、评职、奖励和聘用提供参考依据。

三、导演项目课堂观察与诊断

课堂观察与诊断，旨在关注学生的学习，培养学生高阶思维能力的成长，提升课堂教学的有效性。近年来，在国内课堂观察技术的运用研究不断深化、具体化。课堂观察作为研究课堂、诊断课堂的一种方法，受到广泛关注。华东师范大学崔允漷教授认为课堂观察的起点和归宿均指向学生课堂学习的改善，它是教师专业发展、学校合作文化形成的重要途径。课堂观察这一课例研究法，是一种行动研究方法。课题研究方法有观察法、个案研究法、实验调查法、经验总结法、课例研究法、文献资料法等。大数据时代学校教育教学面临新的挑战和机遇，利用大数据技术分析和改进学习行为、变革传统课堂已成为一种必然趋势。

（一）课堂观察内涵

美国的库恩提出"理论始于观察，观察渗透理论"。课堂观察即课堂教学观察，是研究者带着明确目的，凭借感官和辅助工具（有观察量表、录音、录像设备等）直接或间接地从课堂收集资料，并依此做出分析的研究活动。课堂观察以研究的形式，依托科学理论，采用合理方法，解决课堂微小问题，给教师提供具体帮助。围绕课题研究，让研究对象更具代表性、典型性和普遍性指导意义，如学生听课注意力的观察、教师课堂走动路径的观察、教师课堂提问问题类型的观察等。课堂观察有全息式观察、关键问题聚焦观察、价值评判标准观察、现场情境描述、典型个案追踪等基本形式。

课堂观察是有明确目的、适当内容、科学观察方法和清晰分析结论的，不是最终评判一节课，而是以改进教学为目的。它又有别于传统的听评课、观评课，课堂观察有 4 个维度及 68 个观察点。维度一是学生学习行为；维度二是教师教学行为；维度三是教学设计与实施；维度四是课堂文

化。如以教师教学视角观察：教学环节上，本课由哪些环节构成？是否围绕教学目标展开？是否面向全体学生？不同环节、行为、内容的时间如何分配？教学内容呈现上，讲解是否有效？是否用肯定性语言？板书是否为学生学习提供帮助？媒体呈现是否适当有效？实验示范是否规范有效？等等。学生学习视角观察，有多少学生能倾听，有在观察、思考和参与讨论，有哪些互助行为？参与目标相关的提问/回答、小组讨论、课堂活动的人数、时间、对象、过程和质量如何？自主学习有序吗？质量如何？预设的四维目标(知识与技能、过程与方法、情感态度与价值观、行为与创新)达成有什么证据？多少人达成？等等。教学中遇到哪些生成性的问题？处理方式、处理结果如何？

(二)课堂观察价值

课堂观察是教师获取教学实践真知的重要来源，是教师搜集学情、改进教法的基本途径，是学校教科研的重要环节。从师生课堂行为角度看，较之于经验观察，课堂观察更能洞察课堂的深广度，挖掘丰富内涵，更具研究价值。从教学研究方法角度看，课堂观察是在课堂自然情境下，获取可靠资料、发现价值问题、揭示本质规律的重要手段。从教师专业发展角度看，课堂观察有利于激发教师自觉发现，反思改进自身课堂教学行为，实现课堂教学由"粗放型"向"精细化"、"范式化"向"情境化"转变。同时，有利于教师团队协作，共同提升教育教学水平，从而提高教育教学质量。观摩别人的课堂教学，拓展自己的教学经验，反观自己的教学不足，探寻课堂教学的内在机理。

当前课改倡导先学后教、以学定教，构建高效课堂，旨在缩小理想的教学设计与现实的学生之间的差距。课堂观察基于观察事实发表观点，基于学习效果诊断课堂。课堂观察发现问题、研究问题，目的不是做出评判，而是寻求改进。过去的听评课仅凭经验找出这节课的优缺点，不能做到用更科学的方法观察分析一节课，由于课多，评完也就结束了，很少就此进一步研究改进，收效不大。而真正的一节课例研究是要经过反复实践、讨论、思考，从中找到问题所在，并真正解决问题，让教师得到锻炼和提高。在完成一节优秀的课例中，如参加"一师一优课"、现场优质课、学科教学技能比赛等活动中，需要授课教师通过课例研究，进行课堂教学观察与诊断。①改进课堂教学，正所谓"操千曲而后晓声，观千剑而后识器"，建议多借鉴于漪老师的3次备课思想，多看看网络中其他人的优秀课例；②促进教师专业成长,课堂观察正是积累经验、积淀思想、储蓄能量;③增强课堂活力,增强与学生、与教材、与同行、与研究专家的对话能力。

(三)课堂观察方法

课堂观察的形式有分工合作的团队观察、现场记录的个体观察、延后回放的自我观察。课堂观察重点关注知识传授是否高认知水平,学生发展是否高参与度,以提高课堂教学质量为宗旨。当我们走进课堂,做课堂观察与诊断,它是需要技术支撑的。设计访谈问卷、录音、录像、课堂实录、参与式观察等,如课件有效性观察量表、基础知识落实观察量表、教师主导学生自主探究有效性观察量表等观察量表,以白描形式客观地描述课堂观察教师教学行为、学生学习行为、教学实施及课堂文化。这些描述是课堂观察研究的起点和基础,它包括基于定量观察的现象描述(即用数据说话)和基于定性观察的细节描述(即用细节说话),依据粗线条的观察提纲,对观察对象做详尽的多方面记录,呈现形式是非数字化的,分析手段是质性的。4种主要记录方式:描述体系、叙述体系、图式记录、工艺学记录。只有在搜集了大量客观资料后才能提出问题,研究问题常在研究过程中不断被重构,耗时较长。

团队观察时,每位教师明确分工,各自观察记录一块内容,带着问题观课,带着思想、理论观课,带着技术量化图表观课,提炼价值感悟,关注思维发展,构建生态课堂,从中思考我们的教学能为学生带来什么? 课上学生学习效率如何? 学习体验愉快吗? 学得多吗快吗? 学得深吗? 学习结果如何?

如在观察学生学习的主动性与积极性、参与的深广度中,观察学生回答的类型:不回答、机械判断是否认知、记忆性回答、理解、推理性回答、创造、评价性回答。依托学科团队,深入研究生本课堂。以课型探索为切入口,深化新授课、复习课、讲评课的课型研究;结合“一师一优课,一课一名师”活动,提炼生本课堂优秀案例,打造精品课例,引领学本课堂向纵深推进。

课堂观察切忌缺乏定位、统得过多,又切忌重教轻学、重知轻思。创生型课堂的组织与引导不仅要按课前的预设进行,更重要的是解决课堂动态生成。关注课堂动态生成,引领学生思维,应该成为目前信息技术教学研究的重中之重。当教师把时间交给学生,把思维想象的空间还给学生时,课堂学习活动将是学生积极思考、主动探究、充满激情和创造、焕发智慧和灵性的过程。在信息技术课上，学生不仅要学习新知识，而且要完成本该在课后进行的巩固实践。信息技术课堂的动态生成主要表现在学习新知和实践操作两方面。

例如，观察教师：一方面，观察教师是否巧设情境、巧设问，放手让学生去思考、去探究，随时关注全体学生的思维，及时捕捉学生提出的每一个质疑、怀疑和观点；另一方面，观察教师是否准确判断学生对问题的理解，快速提炼问题的本质，并做出恰当、果断的决定，灵活调整教学策略。

（四）课堂观察流程

课堂观察这一行为，根据不同阶段的不同行为构成系统，准备阶段有明确观察目的、选择观察对象、确定观察行为、记录观察情况、处理观察数据、呈现观察结果。观察阶段是做好时间和细节两项记录，课后访谈执教教师与上课学生。课堂观察流程包括如下几方面：

第一，确定观察主题，可预设主题或生成性主题，单一主题或多样化主题均可。

第二，确定观察内容，观察教师的教学取向、教学方式、教学环节、教材把握、教学目标制定和落实、教学资源的开发和利用、教学手段及媒体运用、教师的引导与提问技巧、教师的课堂评价语言、教师的反馈方法和效果、教师的观察力、教师的调控能力等。观察学生的学习主动性、参与深度与广度、认知表现、思维品质、学习氛围、学习习惯、情绪表现和沟通交流情况等学习行为与非学习行为，以及学生的情绪表现和沟通交流情况，课堂教室内外的情境等。

第三，确定观察核心及辅助工具，核心即观察者的自身感官，辅助工具包括各种量表和工艺学法（包括录音、录像等），以及确定观察分工，这一般用于团队观察。量表的制作上，需从参考模仿走向自我创新。

第四，反思。根据观察记录的数据和细节开展分析性反思，以及依据教师固有理念解构和新理念建构过程的建构性反思，将反思写成课例分析、报告和论文等。

（五）课堂观察诊断

一节好课的标准是什么？叶澜教授将其概述为扎实、充实、丰实、平实、真实。余文森教授从认知角度把最近发展区转化为现有发展区，让学生在知能情意方面都有所长进，能引发他人对课的研究价值。教学并非灌输或告知,而是让学生体验或感悟、讨论或引导、渗透或融合。乌申斯基也认为,培养学生从事脑力劳动的习惯,比传授学科知识更为重要。新课程的核心理念是关注每位学生的发展。特级教师李冬梅老师说:教师只有结合信息技术学科本身的特点,抓好课前教学设计、课堂的组织与引导、课后评价与反馈这几个关键环节,才能真正解决教学中出现的各种问题。观察一堂信息技术课是否成功,主要不是看讲课教师的表现有多优秀,也不是看课堂活动组织得有多热闹,而是看学生的思维是不是处于高度集中、高度兴奋状态,是不是快乐地、全身心地投入学习过程中,是不是主动地思考,积极地动手实践。简言之,学生是不是真正学有所获。目前而言,绝大多数的信息技术课堂教学还是在教师不断的切屏和掌控之中,课堂上学生自主的时间很有限,如何主动地去学?要培养学生的主体意识,发挥学生的主动性,就要把学习的主动权交给学生。课堂上给学生实践的时间多了,势必减少了教师讲的时间,教学内容讲不完怎么办?信息技术课堂的学生数多、课时数少,要关注个体差异、因材施教,确实是摆在信息技术教师面前的一大难题。其实还是有解决办法的,那就是充分调动学生的自主性,培养他们的自学能力。通过建立教学网站(雨课堂、省教育资源公共服务平台等),将教学内容、范例、样例、操作说明、参考资料、技术支持等内容呈现给学生,课堂上只讲重点,突破难点,符合学生心智水平的内容让学生自己去阅读、查阅。

四、导演项目课例研究报告

高中信息技术"第三章第三节数据的统计和报表输出"(粤教版高中信息技术选修四《数据管理技术》第三章第三节),通过课堂观察与诊断后,写出课例研究报告如下。

(一)教师教学"问题与理答"

新课程强调在师生、生生对话与交流的基础上进行课堂教学,强调以问题为中心展开学习活动。要形成一种对话式的教学气氛,教师有效使用问题的能力是不可或缺的,有效的问题要求学生主动参与教学,积极思考并形成答案。理答作为一种重要的教学对话形式,是教师对学生课堂回答做出的即时回应,以引发学生的注意与思考,其行为的实质是教学信息的传输与反馈。它既是一种教学行为,也是一种评价行为,直接影响着课堂的生成和课堂文化的营造。课堂教学中难的不是提出问题，而是如何启发思考，用问题引导，提出有效问题。

这节课时长为 45 分钟，在这节课中教师共提问 5 次，平均每 9 分钟提问 1 次，学生提问为 0 个。总体来说，教师问得多，学生基本没有提问，问题都是对课堂任务的分解。

一个无效问题，4 个有效问题：第一个问题由于设备故障，未及时播放声音，导致学生对问题的接收有问题，教师原先的预设是通过视频播放，设置情境导入课程，设置了相关的问题引发学生思考，临时故障后未对此问题进行深入分析，直接带过。第二个问题让学生进行分组思考，未请学生作答，小组分组未起到实质作用，教师自己对问题做出解答。第三个问题是个问题串，未做具体引导，学生在作答上只针对最后一个问题，前面几个未做解答，教师自己进行了分析。第四个问题提出后，请学生做解答，学生解答问题过程中，教师通过倾听、梳理与纠正等方式进行理答，建议可以再请一两位学生进行理答评价，教师可以发现问题，学生可以巩固思考，整体效果会比教师自己指正来得好。设置的 4 个问题基本上与学习目标匹配，与学生需求匹配，总体上是根据课堂教学内容分层进行设置的，问题表述清晰、明确、有层次。

通过师生间的提问与理答，能够促进思考，激发学生对知识的求知欲和探究欲，能增进学生的参与度，提高信息交流效益，调节课堂气氛。在对问题的理答上，发现请学生进行理答，比教师自己指正与指导效果来得好，学生完成理答后，建议可以再请同学进行评价与补充，教师在这一过程中发现问题，梳理知识点，纠正强调。

（二）学生学习"学会倾听"

倾听是交流的基础，是信息来源的主要渠道之一。学会倾听，就是要学生在听别人讲话时专心、细心，边听边想，记住讲话的要点，领会讲话人的意思。"倾听"在信息技术课堂教学中显得尤其重要，它是具体的，不是抽象的。它具有很强的渗透性，贯穿于教学全过程。在倾听时，多数伴随着观察、辨别、判断与选择。学生倾听包含学生倾听教师，学生倾听学生。

这节课时长为 45 分钟，未请学生上台进行演示，教学过程主要还是学生上机练习，教师自己演示分析。有对学生提交的作业进行点评，点评时有 1/3 学生对任务还没有具体理解，注意力不集中，主要在于使用的推送平台有一定的不稳定性，学生对此不够熟悉，造成学生不能及时对接上教师的教学流程,处于茫然状态。课堂上有进行分组,但是实际课堂过程中未开展有效的分组合作学习,未发挥分组作用。

学会倾听可以作为一种学习目标和学习方法。让学生有目的地去听,而不是别人在讲时,学生只是静坐,毫无思绪,脑海一片空白。有了目标,学生自然会静下心来认真听。信息技术课堂不是简单的信息输入输出,而是具有很强动态生成的课堂。教师应该通过认真观察学生倾听时的表情、神态和语言,及时反馈学生对相关问题的思考与理解的程度,一旦学生思考问题出现偏差,不要仅仅是教师直接加以纠正,可以通过合作小组内部引领,组间引领相互探究问题所在。学生通过倾听老师解说、同学意见,博采众长,弥补自己考虑问题的不足,调整自己的学习,使自己的思维更趋完善,从而有效地使自己的学习向更深的层次推进。

(三)课前课后会议

在课前会议,信息技术课堂观察研究教案,了解教学流程,设想本课中可能会有的学生自主学习环节及可能会出现的问题,比如操作时间不够可能会有部分学生无法完成自主学习任务。讨论观察维度与重点研究问题,针对本课特点修改原有自主学习量表,明确量表的记录方法。量表记录的内容是教师出示范例及语言。自主学习形式包括看书、探究、填写学习卡、讨论、操作等。活动中学生交流的人数包括交流双方。

课后会议进行数据分析与汇总,讨论自主学习情况及成因:本课自主学习时间共有 17 分钟,占课时总长度的 42%,自主学习时间应该是比较充足的,形式主要是单人操作。本课观察学生总数 50 人,完成自主学习任务情况可分为两个层次,从简单层次上讲,完成率很高,完成率高达 97%。讲解后学生修改作品,完成率有所提高。缺少有创造性的作品,量表的最后一项统计无效。本课经历了 4 个阶段的自主学习,教师布置的自主学习任务要求较多,花费时间较多,第三、第四个任务要求不够明确,虽然这节课自主学习时间较充分,但学生总觉得时间不够用。

也和前两节课一样,集中在追问和重复学生的回答中,分别达到 26% 和 34%。鉴于本堂课的内容,实验探究的活动较少,一般都集中于让学生通过数据来进行思维,一问一答的形式较多。因此,追问和重复就变成了教师理答的主要方式。

（四）观察汇报

教师理答水平的综合评价：观察教师对于学生回答的响应次数，以语言理答为主，其中发展性理答和再组织较少，主要的理答为诊断性理答，而诊断性理答中又以重复肯定为最多，达到22％。教师的追问较少，转问和反问没有。教师对于学生正确的回答采用的方式过于简单和机械，怕学生听不清楚，所以多次重复，可能会导致学生的思路受阻、受干扰，不能积极思考，而对于学生的追问不多，同样导致学生思考的问题不够深，或者说表述的层次不够。本课的优点主要体现在以下几个方面：课堂流程清晰，教师教学准备充分，教学信息量大。尤其是在第三项自主学习任务中，学生提出的问题自然生成，效果很好。本课展示学生作品较少，建议每次自主学习活动的作品都要进行展示，并让学生学会评价，在欣赏评价后再修改作品，自主学习的效果会更好。

（五）综合分析

从记录情况看，课堂评价语的有效性是很高的，课堂上，教师比较准确地把握评价尺度，以自然、真诚、恰当、温馨的语言，及时地、有针对性地评价学生的学习活动；让学生随时从教师那里了解自己，看到自己在参与学习后取得的进步、成绩或存在的问题，特别是在小组学习交流时，教师及时肯定小组的学习，让学生更有信心地投入合作学习。

教学时，教师应该聚焦学科核心素养，把握项目的学习本质，创设数字化学习环境，让学生养成终身学习的好习惯。重视教学组织形式，时刻牢记学生是项目探究的主体，是项目探究的设计者和实施者，学生应该在项目的不断尝试和探究中找出解决问题的办法，促进思维能力的发展。此外，教师还要注意对学生进行个性化的学习指导，创建网络学习空间，通过组建互助小组，引导学生在交流互助中提升思维和创新能力。

评价时，应采用多元评价法。新课标已经指出了信息技术教学中评价的重要性，为了充分发挥诊断性、形成性及终结性三大评价方法的功能，需要应用多元化评价方法，如指导式、讲授式、自主式、合作式、交互式、授受式等教学方式等，并能够对教学工作中的各种问题进行随时跟踪，确保教学活动顺利进行，不仅保证了在教学实验过程中有效提高教学质量，而且评价更加客观，对于改进教学模式、提高学生学习成绩均有裨益。学生的能力是多方面的，每位学生都有各自优势，学生知识建构过程活动中，表现出来的能力不是单一维度的数值反映,而是对多维度、综合能力的体现,而所有这些评价都能够在多元评价体系中体现出来,因此对学生学习评价应该内容多维化、方法多样化,促进学生全面发展。

评价时,应该注意评价方式对学生积极性的影响,注意评价方式的多元性、评价内容的合理性及评价手段的过程性。评价可采用赏识性评价,少用批评性评价。同时,教师应该根据课程重要性及难易程度,对必修课、选择性必修课和选修课在评价设计和实施上采用不同的评价方法。对于要求所有人都必须掌握的必修课,可结合网络学习平台进行学习和测试,重视学习结果的反馈与互动;对于其他课程,可采用分层教学,适度设置一些开放性议题,让学有余力的学生进行学习和探究,多维度评价学生的学习状态,促进学生学科素养的全面提升。

第六节 信息技术教学学习指导、评价与管理

评价是信息技术教学的有机组成部分,对信息技术的学习具有较强的导向作用,应围绕信息技术课程标准规定的培养目标评价教与学,保证信息技术课程目标的达成;应通过评价的合理实施,不断提高信息技术教师的教学水平,激发学生学习、应用信息技术的兴趣,帮助学生逐步提高信息素养。

一、评价原则

(一)强调评价对教学的激励、诊断和促进作用,弱化评价的选拔与甄别功能

在信息技术教学过程中,应通过灵活多样的评价方式激励和引导学生学习,促进学生信息素养的全面发展。教师应注意观察学生实际的技术操作过程及活动过程,分析学生的典型信息技术作品,全面考查学生信息技术操作的熟练程度和利用信息技术解决问题的能力。教师在向学生呈现评价结果时应多采用评价报告、学习建议等方式,多采用鼓励性的语言,这

一方面有利于激发学生的内在学习动机,另一方面也可以帮助学生明确自己的不足和努力方向,促进学生进一步的发展。要慎用定量评价,呈现评价结果时要尽量避免给学生贴标签或排名次,弱化评价对学生的选拔与甄别功能,减轻评价对学生造成的压力。教师在了解学生的学习和发展状况的同时,也要利用评价结果反思和改善自己的教学过程,发挥评价与教学的相互促进作用。

(二)发挥教师在评价中的主导作用,创造条件实现评价主体的多元化

教师应注意发挥在信息技术评价中的主导作用,同时充分利用学生的评价能力,适时引导学生通过自我反思和自我评价了解自己的优势和不足,以评价促进学习;组织学生开展互评,在互评中相互学习、相互促进,共同提高。

(三)评价要关注学生的个别差异,鼓励学生的创造实践

高中学生学习和应用信息技术的能力水平、学习风格和发展需求等方面的差异很大,信息技术课程的评价要正视这种个别差异。同时,高中学生个性特征分化更为明显,进行信息技术创造的欲望也更为强烈,评价时要充分尊重学生的个性和创造性。信息技术课程的评价标准和评价方式的确定和选用,要在保证达到最低教学要求的基础上,允许学生通过不同的方式展示自己。一方面,不同起点学生在已有基础上取得的进步都应该得到认可,使每一个学生都能获得成功的体验,另一方面,要尊重学生在学习和应用信息技术过程中表现出的个性和创造性,对同一信息作品的不同设计思路和不同设计风格、对同一问题的不同技术解决方案等,都应给予恰当的认可与鼓励。

同时,评价要注重过程性评价,评价学生项目自主学习情况,评价小组分工合作学习情况。

二、信息技术学业水平考试

(一)考试性质

学业水平考试是福建省教育厅根据国家普通高中课程标准和教育考

试规定,结合普通高中教育教学的实际,由省级或地级市教育行政部门组织实施的考试,主要衡量学生达到国家规定学习要求的程度,是保障教育教学质量的一项重要制度。

学业水平考试成绩是高中学生毕业和升学的重要依据,是评价普通高中学校教育教学质量的重要指标之一。完善普通高中学业水平考试制度,有利于促进普通高中学校深化教育教学改革,引导学生认真学习每门课程,避免严重偏科,促进学生全面而有个性的发展;有利于提高学生适应社会生活能力和未来职业发展;有利于高校科学选拔适合其办学特色和培养要求的学生,促进普通高中与高校人才培养的有机衔接。

(二)考试原则

全面贯彻党的教育方针,落实立德树人根本任务。引导教师转变教育观念,建立以学生为中心的新型教学关系,推动教育教学方式方法的改革,促进学生转变学习方式。坚持素质教育导向,面向全体学生,实行全面考核,引导学生认真修习国家规定课程,促进全面发展。坚持自主选择,为每个学生提供选择机会,促进学生学会选择,发展学科兴趣与个性特长。坚持深化高中课程改革,促进高中教育多样特色发展。坚持统筹兼顾,与高校考试招生、综合素质评价等改革整体设计,积极稳妥推进,促进高中改进育人方式,为高校科学选拔学生提供支持。

(三)信息技术考试

信息技术采用上机考试,是合格性考试,由省级统一命题、统一组织实施。信息技术上机考试满分为 100 分,合格分数线为 60 分。

(四)对计算思维水平的评价

《普通高中信息技术课程标准(2017 年版)》对信息技术学科核心素养水平进行划分与描述,比如,计算思维内涵是:在信息活动中,能够采用计算机科学领域的思想方法界定问题、抽象特征、建立结构模型、合理组织数据;通过判断、分析与综合各种信息资源,运用合理的算法形成解决问题的方案;总结利用计算机解决问题的过程与方法,并迁移到与之相关的其他问题解决中。具体表现:解决问题过程中的形式化、模型化、自动化、系统化。

计算思维预备级:在日常生活中,认识数字化表示信息的优势。针对给定的简单任务，能够识别主要特征，并用流程图画出完成任务的关键过程。了解对信息进行加工处理的价值、过程和工具，并能够根据需求选择适当的工具。

计算思维水平一：针对给定的任务进行需求分析，明确需要解决的关键问题。能提取问题的基本特征，进行抽象处理，并用形式化的方法表述问题。运用基本算法设计解决问题的方案，能使用编程语言或其他数字化工具实现这一方案。按照问题解决方案，选用适当的数字化工具或方法获取、组织、分析数据，并能迁移到其他相关问题的解决过程中。

计算思维水平二：针对较为复杂的任务，能运用形式化方法描述问题，并采用模块化和系统化方法设计解决问题的方案。正确区分问题解决中涉及的各种数据，并采用适当的数据类型表示。针对不同模块，设计或选择合适的算法，利用编程语言或其他数字化工具实现各模块功能。利用适当的开发平台整合各模块功能，实现整体解决方案。

计算思维水平三：对基于信息技术的问题解决方案，能够依据信息系统设计的普遍原则进行较全面的评估，并采用恰当的方法迭代优化解决方案。能把利用信息技术解决问题的过程迁移到学习和生活的其他相关问题的解决过程中。

第七节　信息技术教学模式

一、目前被关注的高效课堂教学模式

教学模式是在一定的教育思想、教学理论和学习理论指导下，为完成特定的教学目标和内容而围绕某一主题形成的比较稳定且简明的教学结构理论框架及其具体可操作的教学活动方式，通常是两种以上方法策略的组合运用。

目前被关注的 9 种高效课堂教学模式是：山东兖州一中"循环大课堂"模式、山东杜郎口中学"十加三十五"模式、山东昌乐二中"二七一"模式、河北围场天卉中学"大单元教学"模式、辽宁沈阳立人学校的整体教学系统和

"一二四"模式、安徽铜陵铜都双语学校的"五环大课堂"模式、河南郑州市第一零二中学的"网络环境下的自主课堂"模式、江西武宁宁达中学的"自主式开放型课堂"模式、江苏灌南新知学校的"自学·交流"模式。

二、信息化基本教学模式

信息化基本教学模式是以现代教学理念为指导，以信息技术为支持，应用现代教学方法的教学。在信息化教学中，要求观念、组织、内容、模式、技术、评价、环境等一系列因素信息化。

目前被关注的10种信息化教学模式是：基于资源的教学模式、基于项目的教学模式、基于问题的教学模式、基于网络平台的教学模式、基于网络协作学习的教学模式、基于案例学习的教学模式、基于情境化的教学模式、基于概念地图的教学模式、基于电子学档的教学模式、基于多元智能的个性化的教学模式。

三、教学模式案例一：任务驱动与协作学习在电子表格教学中的应用

协作学习是通过小组或团队的形式组织学生进行学习的一种策略，它强调以学生为中心，发挥学生的主体性，能充分发挥学生的自主性和创造性，有利于学科知识的掌握并促进合作精神的培养，在教学中应当鼓励更多的伙伴关系、合作学习与研究，而不是单纯的竞争关系、孤立学习与研究。在电子表格教学中，我们应当充分考虑地区差异，关照全体学生，不让一个学生掉队，可以通过观察学生任务的完成情况，及时调整我们的教学活动，形成师生互动；通过设计不同的电子表格任务，分层次提高不同学生的动手能力、自学能力，进而提高学生的实践能力和创新意识。

在电子表格教学中，我们设计的任务就是指引学生学习的方向，而通过协作学习则能够较快地提高学生的能力。长期以来，受应试教育的影响，信息技术学科的教学一般只重视基本概念的识记与操作的固定模式，内容比较枯燥，学生学习积极性不高。要改变这种状况，需要我们信息技术学科的一线教师不断探索和研究，不断改进新的教学方式，让学生在任务驱动下协作学习，加强交流合作，进一步提高实践能力。这是新时期培养新人才的要求。下面就谈一谈笔者对"任务驱动与协作学习"在电子表

格教学中应用的一些看法。

（一）教学过程的设计

信息技术教与学的过程和信息问题的解决是息息相关的，离开了问题的解决，信息技术将失去意义。在电子表格教学中尤其明显，高中的电子表格教材主要是以"评优活动"案例为基础展开学习，以"明确任务、建立表格、分析数据、形成报告"的线索组织教材内容的，比较适合用任务驱动与协作学习相结合的方法进行教学。对于任务驱动与协作学习来说，一般认为最重要的一环就是强调分工与合作。在这个环节中，需要教师与学生共同配合，在课前根据自己所在班级的具体情况进行分组，每小组 5～6 人，每小组选一个对电子表格较为熟悉的学生作为小组长。做好小组分工之后，就进入教学过程设计的环节，一般认为可以设计 5 个步骤：教学引入、任务设计、协作学习、任务评价、强化提高。

（二）协作学习的设计与实施

电子表格是信息技术初中阶段的教学内容，通过了解发现，在初中阶段很多学生没有上过这节课，或是没有用心上过这一节课。针对这种情况一般决定先做简单回顾，然后再对学生进行分组协作来完成指定教学任务，以提高学生的学习兴趣，进一步培养学生的创新精神和实践能力。一般将整个教学过程分为以下几个步骤。

1.教学引入

如果是第一节课，教学引入环节可以针对学生的具体情况，简单介绍一下电子表格软件的基本操作，让学生了解电子表格的一些基本操作，有助于后面的学习；如果是第二节课，可以回顾一下旧课，然后再引入新课，谈谈课上的一些具体要求及注意要点。

2.任务设计

任务设计这一阶段是整个学习过程的关键。任务设计主要把握好两点：一是基本任务，尽量以教材为中心，设计一些学生感兴趣的任务，关注学生能力的培养，课内完成。二是提高任务，主要可以把重点放在课后完成或是在随堂作业中完成。

任务一：制作一份学生成绩表。基础任务：运用公式法求总分和平均分，运用函数法求总分和平均分，公式复制。提高任务：如何求优秀率，如何求各分数段的人数。

任务二:图表的制作。基础任务:如何把表格数据转换成图表,图表数据的转换,报告的形成。提高任务:图表类型的灵活使用。通过这样的分工,可以为大多数学生创造一个有效的学习环境,通过基本任务以保障学习的有效性。利用提高任务对于程度较好的学生来说又是一个提高的机会。

3.协作学习

协作学习是社会的需要,也是学生个体发展的需要。从社会需要的角度来看,随着知识级数的增加和分工的日趋细化,缺乏合作的单打独斗已变得越来越不现实,是否具有合作的意识和技巧是衡量人才的一项重要指标。充分的交流与合作,可以使学生学会理清和表达自己的见解,学会聆听、理解他人的想法,学会相互接纳、赞赏、争辩、共享和互助,有利于学生进一步成长。在电子表格的学习中,我们要组织好学生加强小组内的合作、小组与小组间的合作、教师与小组之间的合作,还可以通过小组间的竞赛搞活学习氛围,这些方案都是有益的尝试。

4.任务评价

评价工作是任务的收尾工作,也是决定任务驱动与协作学习成功与否的关键环节。在传统的教学设计中,人们往往只在教学结束后实施评价,更多的将评价作为测量学生学习结果并分析学生是否掌握有关知识技能的工具,而忽视评价与教学过程和学习过程不可分割的内在联系。为了和教学保持完全一致,对评价的规划应当和教学的计划同步进行,从教学前、教学过程中到教学结束的整个过程,通过精心规划的评价程序,为我们提供有关教学的客观、全面的信息,帮助我们更好地进行师生互动,并做出有效的教学决策。在电子表格的教学中,一般觉得在教学前教师应该事先设计好评价表格,在教学中应该采取自我评价、组内评价和教师评价相结合的方式。

自我评价:要求所有学生对自己完成任务情况做出自评,看掌握了什么,还有什么不清楚的,总结心得体会,便于教师了解学生的具体情况。

组内评价:要求小组内部同学之间进行互评,评价的内容包括完成任务情况和与本组同学的协作情况,由组长记录每一位同学的评价结果。组内评价有助于协作学习的进一步开展。

教师评价:要对所有学生的表现分别进行评价,然后对各小组的表现分别进行评价,最后要对总的任务驱动与协作学习活动情况进行总结性评价。教学结束后可以通过练习加作业的方式来进一步提高每个学生的知识水平,最后用小测试进行最终的评价,形成一个完整的体系。

5.强化提高

针对全体学生,可以设计一些教材上要求的任务,重点侧重于联系实际应用。针对能力较好的同学,进一步设计一些任务,要求:表格的计算要求应用性强;表格的计算要求灵活使用现有的公式和函数,附有答案和一定的功能说明。

(三)任务驱动与协作学习电子表格教学的反思

利用"任务驱动"和"协作学习"一起为教学服务,有两大意义:一是当学习活动与真实的任务或问题挂钩时,学习活动便有了明确的目的性。教师不会主宰学习的过程,而是在学习的过程中为学生提供任务或思维的挑战,使学生知道为什么要学这些东西,并且学以致用,缩小学校和社会的距离,提高教育的有效性。二是通过协作学习调动学生积极投入信息技术学习过程的情感,可以让学生体验学习的乐趣,培养求知欲。合理运用两者间的联系,教学工作将达到事半功倍的效果。运用这种教学方法服务于电子表格教学,取得了较好的效果,得到了学生的认可和好评,但从总体结果上看,有些问题还值得我们思考。

1.任务的设计

任务驱动与协作学习的目标应用教学探索是让学生学会动手,学会与人合作,进一步提高自己的实践能力。任务的设计是整个研究过程中一个十分重要的步骤,起着举足轻重的作用。任务设计方面,一般认为要集思广益,充分挖掘每个人的想法,加强教师与学生之间的联系、教师与教师之间的联系,并做好资料的共享,有助于共同促进、共同进步。在本次教学活动中,一般主要采用自己设计的任务,需要在以后的学习中进一步完善任务的设计,更好地服务于教学。

2.小组的确定

小组是任务驱动与协作学习的基本组成单位,小组建立的合理与否直接影响协作学习的效果。小组教学在 6 个班级进行了不同的尝试,3 个班完全由学生自己组合,另 3 个班根据学生的电子表格的操作水平进行分工,结果证明,完全由学生自由结合,最后造成了各组表现不均衡的结果:有的小组研究活动进行得非常好,小组成员之间既有分工又有合作,最后的研究报告也做得很有特色,而有的小组各种能力都明显差一些,完成研究活动确有一定困难。小组成员之间互相帮助、互相督促、互相依赖是任务驱动的基础,只有组合一个团结、协作的团体,才能最大限度地发挥每个人的智慧,产生最好的学习效果。同时由于每一位小组成员承担的任务各有不同,对学生能力的要求也就有所不同,因此能力的相互补充也是教师在分组时必须考虑的问题。一般认为,以教学目标为依据,以科学结合为主,兼顾学生的知识水平、能力等方面的差异进行分组,可以有效提高协作学习的效果。

3.学生的反馈

学生对基于任务驱动与协作学习的感受是:能提高学习的效率和学习的兴趣。一位学生在体会中写道:"通过小组的帮助,我终于能够较快地进入角色,明白电子表格的一些基本的用途,希望以后的学习能用这种方式。"另一个学生说道:"我是计算机高手,在以前初中的学习中,基本上都能很快地完成任务,就没事干了。通过分组的学习,我充分表现了自我,为同组的同学排除困难,原来帮助别人的感觉真好。"当然,也并不是每个小组都合作得很好。有一部分学生由于长期以来没有和其他同学交流的习惯,基础又较差,造成学习上有比较大的困难,需要教师在课间关注和课后进一步补差的工作。

4.如何进行评价

一般认为,对于这门课的学习结果,更注重评价学习过程,评价的重点放在是否掌握了学习目标所要求的技能上。我们要针对每个学生的个体情况和任务完成情况,采用不同的评价方式,尽量使每个学生都有一定的"成就感",这样有利于激发学生的学习热情,保持浓厚的学习兴趣,对学生的后续学习,将产生强大动力。对于如何制定比较科学的评价方式,有待于进一步的商讨。

在电子表格教学的实践中,通过学生反馈表和访谈收集了足够的数据,经过分析评价,我们得出了以下结论:任务驱动与协作学习的方式受到了学生的欢迎,并取得了较好的教学效果,可以在今后的教学中多加运用。任务驱动与协作学习在课后补差这一块还有待加强,可以尝试不同组之间的课后互助,或是师生之间的互助。在课后,给学生布置一定的自学任务有助于培养学生的自学能力和解决问题能力。总之,利用任务驱动与小组协作进行电子表格教学,有利于引导学生由易到难、循序渐进地掌握电子表格的精髓,有利于进一步培养学生的合作能力,增强学生的合作意识,逐渐融入当前国际教育的发展进程当中。

四、教学模式案例二：基于学科主题社区的高中信息技术教学

建立信息技术学科"面对面三加一"主题社区，线上实现信息技术科"面对面三加一"教学活动，线下开展自主探究和协作学习活动，是"互联网＋"进入教育的一种新型教学课型。"互联网＋教育"行动计划引领了教育信息化，基于"互联网＋教育"各种平台及终端成为热点。建立信息技术学科主题社区，就是打破时间和空间的教与学限制，让学生在共享的主题社区中随时随地可学，教师在共享的主题社区中随时随地可教，师生之间在共享的主题社区中分享知识，生生之间在共享的主题社区中分享经验。

（一）信息技术学科"面对面三加一"主题社区的建立

学科主题社区是指学习者基于某一学科主题，基于网络开展的自主探究和协作学习活动，以促进学习者知识建构的学习型组织。社区成员可通过公告板系统（bulletin board system，BBS）、聊天室、博客、社交网络（social network site，SNS）等交流互动工具在一个共享的虚拟空间中分享知识与经验，进行沟通与合作，共同参与活动，共同解决问题，建立良好而密切的关系。主要特征：在社区中不仅存在学习者与媒体界面的交互，也存在学习者与学习资源的交互、学习者之间的交互，最终实现学习者新旧概念的交互。社区应提供多种学习活动来促进社区的管理和成员的交流，提供多种学习资源及其检索工具，提供个别化学习方式和协作化学习方式等。

信息技术学科"面对面三加一"主题社区的建立需要硬件和软件的支持，是搭建在平台上的。信息技术学科"面对面三加一"主题社区硬件支持：信息技术学科主题社区服务器是群晖，产品型号是群晖四四号，硬盘盘位是十二盘位。使用8个硬盘，每个硬盘容量1 TB，总容量是16 TB，硬盘建成阵列系统，8 TB用于数据保护空间，8 TB用于数据存储空间，将这专用服务器布置在校园网络的指定网段上。"学科主题社区"这个平台，放在学校内网上。

（二）基于学科主题社区的"面对面三加一"教学模式

我们课题组经过两年不断的探索，打破了传统的教学方式，提出了"面对面三加一"教学模式，应用到信息技术学科课堂实践教学当中，从而提高

信息技术学科课堂效率。关于学生学得怎么样、学生学习过程怎么样,老师非常了解。

"面对面三加一"教学模式实践研究选择高一年级进行课堂实验研究活动。参与实验班级共有 4 个,约 200 人。本实验选择高一年级信息技术教师进行课堂实验研究活动,共有 4 个高中信息技术教师。

信息技术"三加一"教学模式:1 个小组长和 3 个同学的 4 人谈话模式。由小组长当主持,采用栏目形式,将学习内容通过节目播放。这个教学模式共有 5 个流程,依次是:节目创设、主持培训、选好题目、节目播放、学生评价。教师是导演、旁白、解说员。

流程一:节目创设,将本节课内容变成学生讨论的主题,教师对内容适当进行旁白补充。

流程二:主持培训,要求节目主持人注意观察同组人员学习状态、精神状态,注意收集在学习整个过程中同组每个同学的特点和专长、缺点。

流程三:选好题目,将教师要求完成的任务改编成自己感兴趣的题目,选择适当的工具软件(WORD、PPT、电子表格等)进行编辑和加工,形成一个"面对面三加一"课件。适时地加入看法和评论,4 人分工明确,合作良好,能运用共同的才智和个人专长完成。

流程四:节目播放,同组 4 人上讲台,听从主持人安排,主持人面对 3 名同学。

节目一:主持人先介绍自己,并介绍组员的姓名及分工。

节目二:阐述本组的主题,为什么采用这个题目,是如何做出本期作品的。

节目三:各组组员介绍自己分工的部分,谈谈自己的感受、启发和碰到的困难,学会了什么,还想学习什么。

节目四:主持人总结,把观察到的同组人员的学习状态、精神状态向在座老师和同学加以阐述。

流程五:学生评价,对节目的质量当堂反馈,反馈到福鼎一中信息技术"面对面三加一"学科主题社区。

(三)基于学科主题社区的教师教学实践

学科主题社区的建立,不能按传统的教学流程来教,打乱了"复习、新课、总结、练习、作业"的教学秩序。对教师角色是一种挑战,教师的角色一直在变,变成了剧作者、版主、导演、解说员。

1.教师变成剧作者

教师将课本变成剧本,把每节课教学内容变成教学脚本。也就是教师将信息技术每节课的教学目标、教学内容、教学过程、教学方法、教学评价和师生关系改编成"面对面三加一"教学节目脚本,形成"面对面三加一"教学节目,要求学生根据节目单,组成"面对面三加一"节目组,同组4人根据分工,选定好节目名称,同台亮相,展示节目过程。

2.教师变成版主

教师在社区发帖,在上课之前将教学节目脚本在学科主题社区发布,要求各小组完成选题后,将选择题目以"组号＋题目＋主持人姓名"文件格式,上传到福鼎一中学习平台中的信息社区。一节课结束,教师根据福鼎一中信息技术"面对面三加一"学科主题社区,对每个节目质量评价进行统计。

3.教师变成导演

教师变成导演后,在课堂上,要发现学生在小组合作中的表现,特别要观察主持人的表现,观察组员对媒体使用、节目话题选择情况,并对出现的情况随时进行辅导。

4.教师变成解说员

教师变成解说员后,有两种类型:主持人型的和有只闻其声不见其人型的。主持人型的解说员教师,时刻关注学生的最新情况、课堂的最新情况。只闻其声不见其人型的解说员教师,特别是对微课和操作视频的解说,要条理清楚,要"晓之以理,动之以情",不然的话学生是不会接受的。

(四)基于学科主题社区的学生学习活动

学科主题社区的建立,学生不再是被动接受知识,而是变成了学习的主人,变成主持人、变成嘉宾、变成演员,开展自主探究和协作学习活动。

1.学生变成主持人

4人同组中,小组长就是主持人,主持人身份非常重要,特别是主持人要注意观察同组其他3人的学习状态、精神状态、特长。

由班长根据班级人数,将班级分成若干组,每组4人。每组选1个组长,组长在学科主题社区注册并登入,对本组的组员的分工、任务在主题社区上发布。将本组选好的主题的名称,在社区上发布,发布格式为:第几组＋组长姓名＋主题名称,如第二组张小华"福鼎小吃"、如第十二组林立中"数据查询的方法"。

将本组分工合作制作的"面对面三加一"课件、所演播节目的素材在社区平台上发布。也可将制作好的课件、练习题的答案、评价量规、作业完成情况等用截图形式上传至信息技术"面对面三加一"学习社区网,让其他组同学资源共享,分享经验。

对节目的质量当堂反馈,也可在"福鼎一中信息技术'面对面三加一'学科主题社区"上发表自己的看法和建议。

课外,有的节目组的同台4个同学利用课余时间,经过多次分工合作,将本组的"面对面三加一"节目进行排练,制作成微视频,发布在学科主题社区上,让其他组同学随时评价,收集意见后,及时改进,提高节目质量。

2.学生变成嘉宾

除主持人外,其他3名学生变成嘉宾身份,刚开始学生对这种教学模式很不习惯,既要懂得软件操作如WORD、PPT、电子表格,也要懂得表达能力,学会操作、学会表达、学会担当。有学生向教师反映:上课内容会掌握,软件操作技术也没有问题,就是上台表演较难,因为要面对全班同学谈谈自己的感受,为什么这样选题,有时无能为力。经过一段时间磨炼后,全班同学纷纷上台表演,有时不知是在上信息技术课,有的同学形容好像上"语文课",好像是电视台的专题面对面。

3.学生变成演员

这就是新学生改革,在课堂上,学生把自己当成演员。演员的基本素养是敬业、有责任感。充当演员的学生,要以演员的基本素养要求自己,在课堂上也要敬业、有责任感。课堂上敬业是指学生要积极主动学习,在课堂上当主人、当主演,不要当观众。课堂上有责任感是指把课堂当作培养有责任感的学习实践活动场所,协同合作,团结小组成员,培养有团队精神、有责任感的人。同时,在小组活动展示中,明确自己在小组中的分工合作情况,有责任向同学、老师分享自己的经验、成果和体会。

(五)基于学科主题社区的高中信息技术教学改进

4个学生如何演,这是教师要考虑的问题,每组节目播完,教师如何旁白、如何承上启下、主持人如何根据教学内容问答,这里不啰唆,我们直奔主题。

1.教师方面

教师总结方面,教师的角色一直在变,不单是传统的知识传授者,而是导演、版主、旁白、解说员,不仅是解决教什么,就是教学设计,而且要解决如何教，就是教学模式，还要懂得在信息技术背景下如何发帖子、如何回帖、如何上传资源、如何下载资源，对各种文本、动画、视频、音频的文件格式要非常了解，这就是新教师改革。

2.学生方面

要求有上传微视频空间和权限，节目组的 4 个人由于语言能力、操作水平、主持经验、小组合作方面没有协调好，导致在课堂上没有时间展示。可以向老师申请课后完成。

3.线上线下同时进行

虽然福鼎一中信息技术"面对面三加一"学科主题社区是提供给师生、生生互动的教学平台，但各组的信息技术水平、语言表达水平、自我展示水平并不一致。

能否实现在信息技术"面对面三加一"节目播出的同时，也在课堂上实现网络直播，即在福鼎一中信息技术"面对面三加一"学科主题社区实行网络直播。学生可现场观看，也可在社区平台上网络观看，线上线下同时观看，这样主题社区同时兼有网络电视台功能。

还有，添加视频设备，对各个小组的信息技术"面对面三加一"节目进行录像，让全班学生在信息技术"面对面三加一"学科主题社区网络平台进行点播。

通过教师的"导"和学生的"演"组成的信息技术"面对面三加一"节目在主题社区平台上直播和点播，在主题社区平台上评价、反馈。基于学科主题社区的高中信息技术三加一教学模式整个流程，是利用"互联网＋教育"国家战略行动计划，改变信息技术学科教学方式，提高信息技术学科课堂效率，我们一直在改革路上、一直在研究。总之，以后在中学信息技术教学实践中，从新课程改革、新教师改革、新学生改革 3 方面，不断地探索，总结出行之有效的中学信息技术教学模式，形成有特色的信息技术教学风格。

第八节　信息技术教学训练

为贯彻落实《中共中央 国务院关于全面深化新时代教师队伍建设改革

的意见》和《福建省教育厅关于开展中小学教师岗位练兵活动的通知》精神,适应新时代教育改革和形势发展的需要,进一步提升中小学教师教育教学能力,建设一支教学基本功扎实、专业化水平高的教师队伍,福建省中小学教师教学技能大赛已经举办了4届。

一、高中信息技术技能训练的意义

以提高教师专业能力为主线,以"信息技术环境下,构建有效课堂,提升实践能力"为主题,以课堂教学作为课程改革的突破口,以提高教学有效性作为课堂改革的焦点,以校本培训为载体,以教研组、备课组为基本单位,开展基于岗位、基于问题、基于教师发展需求的岗位大练兵活动,全面深化校本研修,着力提高教师教书育人的能力与水平,努力为新课程改革服务,为促进学生的全面发展服务,为办好人民满意的教育提供优质的师资保障。

信息技术教学训练活动目的有3个:第一,通过开展信息技术教学训练活动,进一步提高教师适应新课程要求的专业能力。第二,通过开展信息技术教学训练活动,构建有效的教学行为模式,切实提高课堂教学的有效性。第三,通过开展信息技术教学训练活动,全面提高教育教学质量。

二、信息技术教学训练活动特性

信息技术教学训练活动特性有5个:第一,全面性。信息技术教学训练是信息技术教育改革与发展的需要,教师必须人人参与,努力营造全员教师大练兵的良好氛围。第二,校本性。信息技术教学训练要立足校本,研修结合,深化校本研修的内涵,拓展校本研修的外延,提高校本研修的质量与水平。第三,层次性。信息技术教学训练活动应分层次进行,要针对不同教师提出不同的内容要求。教龄不满3年的新教师侧重职业基本技能的训练,把握学科课程标准、重点、难点,掌握职业基本技能,使教学走向规范。具有一定教学经验的教师要侧重研究新课程教学策略与方法,能够独立设计教学流程,使教学逐步走向精彩。名优骨干教师要侧重教育思想、教育智慧和教学风格的培养与提升,使教学逐步走向经典。第四,常态性。教学基本功与教育教学能力的提高是一个渐进的过程,要建立长效练兵机制,贯穿整个教学过程,促使每位教师养成自学自练的良好习惯,在教育教学过程中不断提高自身素养与能力。第五,实效性。信息技术教学训练要紧紧围绕信息技术教育教学的总体思路,从教师自身的特点和实际情况出发,把握特色,注重实效,练有所得,练以致用。

三、高中信息技术技能训练内容

(一)片段教学方面

高中信息技术技能训练要以提升教育教学能力为核心,主要包含以下内容:

根据《普通高中信息技术课程标准(2017年版)》的理念及教学规律特点,先进行片段教学内容的备课40分钟,后进行片段教学15分钟,不使用多媒体设备。有4个方面内容:第一,教学内容。能较好地理解课程标准,对教材比较熟悉;体现学生主体的理念;教学内容安排合理,能够充分利用课本教学资源;教学概念较准确,观点正确、举例恰当、条理清楚;目标达成基本到位。第二,教学方法。关注学生的生活体验和知识经验,教学引入方法多样,激发学生的积极性,营造教学氛围,善于启发引导;能用多媒体辅助教学,注重师生互动、分组合作、实验探究和分层教学;能用顺口溜或口诀来帮助学生记忆知识,注意小结提升,适时渗透教学思想方法,富有激情。第三,教学效果。目标明确,内容充实,方法手段科学合理、课改意识较强,目标达成效果良好。第四,教师素质。有较强驾驭课堂能力,教态亲切自然,媒体应用比较娴熟。

(二)观课评课方面

观看所提供的课堂教学录像1节课,中学1节40分钟或45分钟,根据课程标准的理念及教学规律特点进行评课,并书写书面评课稿。

(1)对观课评课写得较好的。第一,对课程目标把握明确,并能对授课教师的目标实施及目标达成提出自己的见解。第二,注重教学程序的分析与评价,比较集中于情境创设与教学环节的分析,能很好地理解教师教学思想和教学手段、课堂结构安排。第三,能从目标达成度分析教学效果。第四,能从讲解、板书、语言、教态等方面进行分析点评。第五,评价比较中肯,观点鲜明;能捕捉课堂信息,较为敏锐地把握课堂的亮点和不足,如板书运用、多媒体运用、师生互动等;能翔实、细致地分析,科学有理地提出建设性建议。第六,文字表达清楚,观点鲜明,条理清晰;评课观念比较先进,能根据课程理念及教育学、心理学理论,如自主学习、合作探究、建构思想、最近发展区等,结合教学实际进行评议,评析有理论高度,也有具体的课堂例子支撑,有理有据,有说服力。第七,能扣准评课项目、评价要素评述,能够分点有序地对各个环节进行评析,能够体现学科特色。

(2)对观课评课写得不足的。第一,教学目标方面,三维目标把握欠缺,如情感态度价值观关注不够,对教学目标如何在课堂中渗透评得不很到位,在目标达成方面评论较弱。第二,教学程序方面,课堂结构剖析不全面,对授课者的思路设计理解不够透彻。第三,教学效果方面,教学效果评价一带而过,不够到位;课堂气氛、学生学习、教师和学生的精神状态等方面评得比较少。第四,教学基本功方面,对教学基本功如语言、板书、教态等没有评价或分析不够深入;观察问题不够敏锐,如时间安排不够紧凑、前松后紧等。

(3)发现亮点方面与不足方面:对执教教师上课亮点方面的发现和表述不够精确、简洁、充分;对执教教师上课的优点、缺点讲得不够深入、全面;未能抓住该执教教师上课的亮点条分缕析,深度分析成因及可学习的方法或受启发的地方;寻找执教教师上课成功经验方面感悟不深,常常只言"好"而不提为何好、给我带来哪些启示等;不足之处寥寥数语,语焉不详,无关痛痒,未能剖析过失的原因并提出改进的意见或建议;对执教教师上课课堂中存在的不足之处未能准确阐明自己的见解;建议宽泛,略显牵强,放之四海而皆准,指向性模糊,缺乏针对性,含金量不足。

(三)教师技能方面

信息技术教师技能方面是考查教师的算法与编程能力,采用上机测试方式,主要有:上机测试(补充程序、输出程序运行结果等)与上机编程(编写程序解决问题)。新课标以后,算法与编程计算思维在教育领域越来越受关注。国际教育技术协会、计算机科学教师协会都在研究计算思维如何进入中小学,在我国,计算思维已纳入了信息技术学科的核心素养。把计算思维融入中小学人工智能课程,能更好地帮助学生理解和掌握信息科学的核心本质,培养学生运用电脑计算手段解决问题的意识。

高中信息技术技能训练要明白,计算思维是一种问题解决的方式。当我们面对一个问题时,首先把问题进行分解,再找出每一个小问题之间的相同点和不同点,通过把各个小问题抽象,找出形成问题的一般规律,然后找出形成原因并对类似的问题提供逐步解决的方法，就是算法思维，最后通过对比分析，确保这个问题的解决方法是最优的。当下教育缺乏培养创新型人才的意识和方法，在人工智能时代，不仅需要强调高阶认知能力的培养，更加需要增加和突出计算思维的培养。

这也是对信息技术教师操作技能的考验。

第三章

信息技术导演项目教学模式探索

第一节　线下"导—演—评"教学模式

一、教学模式背景

课程标准：2003 年 3 月教育部《普通高中技术课程标准（2003 实验版）》。

教材版本：广东版《信息技术基础（2003 年版）》（必修）、广东版《数据管理技术（2003 年版）》（选修版 4）。

信息技术：多媒体技术运用、课件的应用。

教学模式：这时信息技术课中流行的教学策略是任务驱动教学法。任务驱动是美国心理学家奥苏伯尔人本主义教育思想指导的具体教学原则之一。任务驱动教学法是建立在建构主义教学理论基础上的一种教学方法，是一种具有"以任务为主线、教师为主导、学生为主体"基本特征的教学模式，是建构主义理论在教育教学中的一种具体应用。将所要学习的新知识隐含在一个或几个任务之中，引导学生对提出的任务进行分析、讨论，提出问题并设法解决问题，通过任务的完成得到清晰的思路、方法和系统的知识。这个时期，笔者刚好是福建省英特尔未来教育主讲教师。"英特尔未来教育"注重研究的过程，注重学习的过程。在"英特尔未来教育"模块教学中，学生自己选择不同的学科单元计划，是积极主动的学习者。主讲教师既是教育者,也是学习者。只有不断学习,才能不断发展,重视师生互动、互评、平等对话。

　　特别是 2004 年左右,学校组织部分老师前往浙江省瑞安中学听课,听了瑞安中学信息技术教师边楚女一节课,采用"新闻 3＋1"教学模式,是一种新的教学模式,对笔者触动很大。后来,由边楚女老师提出的"任务串联法"开创了信息技术课堂教学新模式,推进了温州甚至浙江的信息技术学科发展,她一直践行的"技术性和文化性融合"的教学理念使信息技术课成为一门"有深度、有温度、有文化"的课。2010 年,她被浙江省人民政府授予"特级教师"荣誉称号。线下导演教学策略是在"新闻 3＋1"教学模式和任务驱动教学法的基础上发展起来的。

二、教学模式内容

　　受央视"新闻 1＋1"栏目启发,提出"3＋1"教学模式:"3"指 3 个学生,相当于 3 个嘉宾;"1"指一个学生,相当于主持人。同组 4 人同台亮相,1 个主持人对本组 3 人,将小组分工合作情况,采用节目形式展现出来,培养学生的自学能力、合作能力、探究能力和表达能力,是一种"先演后教,当堂反馈"的教学模式。

三、教学模式实施

(一)线下导演教学"新闻 3＋1"教学模式的提出

　　中学信息技术课程,经历了几年改革。计算机学习从哪里学起? 从打字学起? 从编写程序学起? 从技术学起? 最后转到信息素养上来。信息技术课堂教学模式也经历了边讲边练、任务驱动、小组合作探究教学模式。

　　"边讲边练"教学模式是"以教为中心"的教学模式,一味地研究书本、教法、教学目标,对学生强制、要求、替代、包办,缺少对学生的信任、放手、激励、点燃,已不适应信息技术学科教学。

　　"任务驱动"教学模式,也是一种以"教为中心"的教学模式,教师将教学内容划分为若干任务,然后驱动学生完成任务。这种教学模式造成的后果是:学生的学习过程完全不知道,无法检验学生的过程性学习效果。

　　"小组合作探究"教学模式是"问题导向"自主学习模式,是目前较流行的信息技术课堂教学模式。但小组合作的过程怎样,成员间分工合作情况如何,都是很难把握的问题。

以上的教学模式没有把教材、课堂、学生、老师统一起来,四者没有很好地配合,还没有很好地把握课程目标、教学内容、师生角色、学习方式特性。特别是学生评价方式不成功,只停留在表面上。

线下导演教学"新闻3+1"教学模式是指在建构主义教学理论指导下,由教师的"导"和学生的"演"组成的课堂教学模式,建立起以学生为中心,强调学生对知识的主动探索、主动发现和对所学知识意义的一种程序性的教学模式。

(二)线下导演教学"新闻3+1"教学模式的设计

将信息技术每节课的教学目标、教学内容、教学过程、教学方法、教学评价和师生关系制作成教学脚本,课堂的主要活动形式:教师编导、主持人培训、收集话题、节目播放、当堂反馈,形成"新闻3+1"教学节目单。

项目一,教师编导:约5分钟,将本节课的教学内容改造成单元问题,就是将本节课内容变成学生讨论的主题,小组分工明确,合作良好,能运用共同智慧和个人特点完成任务,对内容适当旁白补充。

项目二,主持培训:约3分钟,注意观察本组学生的学习过程、物理情感、态度、价值观。

项目三,收集话题:约17分钟,主题健康,内涵丰富,编辑工具使用合适,作品呈现课题要点突出。自我介绍,并介绍本组组员,阐述本组的主题,为什么采用这个主题?是如何做出本期作品的?形成信息技术课"新闻3+1"教学节目内容如下:

老师角色:将本节课内容变成学生讨论的主题,小组分工明确,合作良好,能运用共同智慧和个人特点完成任务,对内容适当旁白补充。

将学生的疑惑转化为驱动性问题,如将"数据是不是数字?"转化成"数字、数据、信息与知识是什么关系?"前者只需要回答是或不是,后者探究涉及数字、数据、信息、知识的定义与关系,问题更深入,具有开放性,思维更发散。

项目四,节目播放:约15分钟,选2~3组轮流上台,每节课选各组组员介绍自己分工的部分,谈谈自己的感受、启发和碰到的困难,学会了什么,还想学习什么。

项目五,当堂反馈:约5分钟,其他组根据每节课的评价量规,对节目播放的质量进行评价：优、良、中、差，由各组长收集、统计，每组1张。

（三）教学模式评论

1.教师方面评论

线下导演教学"新闻3+1"教学模式，从新课程改革到"新教师"改革的转变，从本质上来说改变了教学意义，重构新的教学关系，即变"教中心"为"学中心"，意味着，教师引导学生充分利用资源，在分析资料中学习知识与技能，整体梳理高中信息技术课程各模块的教学内容、知识结构、教学目标，才能成为线下导演教学"新闻3+1"教学模式的导演。

2.学生方面评论

线下导演教学"新闻3+1"教学模式，从新课程改革到"新学生"改革的转变，大大拓宽了学生思维的时间和空间，相信学生、解放学生、利用学生、发展学生，促使学生学习方式的变革，让学生从个体到集体转变。

3.教学方面评论

每组时间控制5分钟，往往有的组会夸夸其谈，不注意时间，造成上课时间没有掌握好。一组学生上台演示，其他组学生各管各的，只顾自己完成自己的任务，根本没有注意观看上台表演的组，打分也很随意，达不到教学目的。线下的导演教学有可能让教学进度无法完成，学生的思维和教师的上课思维无法对接。

4.分组方面反思

在分组问题上，要把学习能力不同的学生按照设想，有目的、有计划地放在一组，不能只是依据学生的学习成绩情况来分组，因为很多擅长计算机操作的同学，擅长演讲、表演的同学，学习成绩往往一般，但他们对计算机学习充满激情，兴趣十足，也善于钻研和尝试，这些同学在信息技术课上往往是优秀的。要解决好分组问题，在多数情况下需要跟班主任老师多沟通，也可以向学生家长寻求帮助。分好了小组，老师在课堂上教学就会事半功倍。

5.点评方面评论

要想发挥导演点评的作用，除了老师具有丰富的教学经验，还需要老师在课堂上善于发现，如学生的眼神、表情、动作无一不向你传递着信息，要多交流；多阅读相关的心理学方面的书籍；认真观察，不断探索和总结。表演方面：学习任务与表演任务的矛盾，在上课前必须对教学内容进行分析，在选择线下导演教学方法时要全面考虑，不能滥用线下导演教学法。

对有些偏理论、有难度的知识不宜直接抛给学生学习任务,让学生通过小组合作的形式完成任务,然后完成表演任务。因为学生的知识能力和操作技能有限,不能通过合作的形式,独立自主地完成任务,这样不但会加大学生学习的难度,而且会严重挫伤学生学习信息的主动性和积极性,甚至可能让学生对信息技术的学习产生畏惧和厌学心理,到时候信息技术只会演,不会学了。

6.演示方面评论

促使 4 位学生演示,要耳目一新、别出心裁地应用表演能力。如果只有素材,没有表演,则难以展示学生的实践能力;如果只有表演,没有素材,则难以实现学习目标。线下导演教学"新闻 3＋1"教学模式,就是在当前课程改革进入深水区、倡导高效课堂的背景下提出的,是由教学、评价、文化三大系统建构而成的一个全新课堂教学模式。既改革了信息技术教师,使教师教的方式得到改变,也改革了学生,使学生学的方式得到改变。

第二节　线上"导—演—评"教学模式

一、教学模式背景

课程标准:2003 年 3 月教育部《普通高中技术课程标准(2003 实验版)》。

教材版本:广东版《信息技术基础(2003 年版)》(必修)、广东版《数据管理技术(2003 年版)》(选修 4)。

信息技术:数字化教育教学资源建设与利用,三通两平台、电子白板的使用、微课的使用、互联网＋教育。

2012 年 4 月,刘延东关于全国教育信息化工作电视电话会议确定了"三通两平台"的教育信息化发展导向,即"宽带网络校校通、教学资源班班通、网络学习空间人人通;加强数字教育资源公共服务平台、教育管理信息系统平台的建设"。教育信息化有两层含义:一是把提高信息素养纳入教育目标,培养适应信息社会的人才;二是把信息技术手段有效应用于教学管理与科研,注重教育信息资源的开发和利用。教育信息化的核心内容是教学信息化。教学是教育领域的中心工作,教学信息化就是要使教学手段科技化、教育传播信息化、教学方式现代化。教育信息化,要求在教育过程中较全面地运用以计算机、多媒体、大数据、人工智能和网络通信为基础的现代信息技术,促进教育改革,从而适应正在到来的信息化社会提出的新要求,对深化教育改革、实施素质教育具有重大的意义。

教学模式:2012年11月,教育部正式公布第一批教育信息化试点单位名单,福鼎一中成为教育部中小学信息化试点单位,试点工作重点内容为数字化校园建设与全面实施素质教育路径探索。信息技术课程与教育教学深度融合,通过应用驱动、机制创新、模式探索,将线下的导演教学移植到线上导演教学。

二、教学模式内容

"线上导演教学"是网络学习社区和导演教学相结合的产物,使导演教学在网络学习社区上实现。教师在课前将教学内容设计成节目单在学习社区网上发布。班级学生分成若干组,每组选一个组长,组长在学习社区网注册并登入,将评价量规、学习过程情况,用视频形式或截图形式上传至学习社区网。教师情况、学生情况、教材情况、课堂情况在学习社区网上了如指掌。

三、教学模式实施

(一)"线上导演教学"建立

"线上导演教学"学科主题社区,建立在以网络为载体的虚拟学习平台,它的构建需要计算机、服务器等硬件的支持,同时为了实现社区的各项功能还需要相关软件或系统的支持。为了更好地实现学科主题社区的搭建可以采用群晖一站式服务。

"线上导演教学"的建立以学科主题社区方式建立的,要从两个方面来建立:一是建立一个以网络为载体的虚拟社区,这个社区类似于网络论坛或者百度贴吧,通过这个社区可以实现教师和学生的在线交流、学生和学生之间的在线交流。二是建立一个以学习为主的社区,这个社区还需要结合特定的学科作为主题,为一门特定学科打造一个网络教学交流平台。建立这个社区的目的是:培养学生在学习过程中的自我展示能力、在学习过程中的交流协作能力。"线上导演教学"学习社区的学生,强调在学习过程中学生的主体地位,学习不再是传统填鸭式、封闭式的学习,而成为新型的开放式学习。"线上导演教学"学习社区可以实现学生、教师、学习资源三者之间的互动交流,拓展学生的思维和视野,培养学生的自我展示能力。

(二)"线上导演教学"实现

以分组的形式进行展开,将每个班分成若干个小组,为了管理更加有效率,提升每个同学的参与度,每个小组人数不宜过多,3~5个人。每个小组选择一名组长作为小组的带头人,主要负责组织小组成员进行相关课题的讨论,以及对外发言。针对节目的具体情况以及组内成员每个人的能力和特征,组长给每个成员进行任务的划分,实现团队的合作。同时为了增强团队协作能力和团队荣誉感,每个小组可以为自己的小组取一个响亮的名字,如"必胜组""同心协力组"。

一般以章节为基本单位实施"线上导演教学"。具体流程是:以传统的教学方式对本章内容进行讲解,然后在每章总结时应用"线上导演教学"。通过"线上导演教学",教学速度方面大大提升,同时学生的学习兴趣、探究能力等也有一定的提升,基本上达成教学目标。

以教材为蓝本,教师针对每节课程琢磨出一个适合本节课程的主题,然后将这个确定的主题发布到社区中,通知各组成员对这个课题开始进行研究。对于主题的确定,教师可以根据日常生活中的事件为主题,如可以从图书馆、食堂、宿舍等方面进行取材,还可以从国家时事方面进行取材,引导学生不仅要关注学习,而且要关注日常生活和国家时事,丰富学生的学习生活,让学生把从课本上学到的知识实际运用到生活中去,提高学生解决实际问题的能力。教师在明确了课程主题以后,还要向学生提供节目单,指导学生该如何进行课前自学,培养学生的自学能力。同时教师需要录制一段导学视频发布到社区中,指导学生如何使用本节课程的节目单。

(三)"线上导演教学"电子节目单

关于节目单的设计,节目单中要明确本节课程的学习目标,以此为核心提出本节课程的学习任务并布置好相关的探究问题。学生在课前学习时要结合课本教材和节目单进行学习,整理出通过自学自己还不清楚的知识点。具体来说就是教师应当对学生在节目单中探究问题的回答做出综合评价，并以此为基准引入新的知识。

规范一，节目单设计要规范。教师要深刻理解什么是信息技术教学的三维目标（知识与技能、过程与方法、情感态度观），根据三维目标对节目进行设计，同时要注意不能将节目单形式化，最终达不到表演效果。在设计过程中要在引导学生学习知识技能的基础上，明确知识形成的背景和过程；要考虑到新知识和旧知识之间的联系，考虑到学生的自学能力，可以简单点出新旧知识之间的联系，然后在社区上进行详细的讲解。

规范二，节目单设计要创新。新奇的东西总能够引起人们的关注，激发人们的探究欲望。在节目单中引入创新机制，有利于激发学生的学习兴趣和学习动机，更好地实现提升学生学习能力的目标。在节目单中可以通过设置各种问题情境来实现演示的新颖性；还可以通过提示新旧知识之间的联系，提出相关问题来增强节目单的新颖性，但是要注意新旧知识之间的联系不要太过难以理解，否则会造成适得其反的效果，打消学生学习探究的兴趣。节目单是一个开放性的东西，节目单的设置不应该有条条框框的限制，要鼓励学生进行自主的充分的思考。学生通过节目单的学习，要能够理解当前所学知识的意义以及在实际生活中的应用，达到自主构建知识体系的目的。

规范三，节目单设计要实用。节目单的实用性体现在两个方面：第一是面向学生的，要求节目单能够涵盖本节课程所有重要的知识点，学生通过课本和节目单的学习能够在一定程度上掌握基本知识，能够发现并提出一些相关的问题，通过小组讨论能够解决一部分问题。第二是面向教师的，节目单的设计要掌握好梯度，要保证在课堂上，能够在教师进行教学的过程中始终起到一定的作用，比如问题的引入、知识的讲解、问题的解决、最后知识的总结等。

四、教学模式评论

教师要发挥线上"导"的作用。随着互联网＋教育飞速发展，促使互联网技术和信息技术学科融合，建立学科主题社区，打破时空限制，实现学习网格化、碎片化。为了能实现线上导演教学，一直以来，笔者长期在实际教学中，不断地对自己工作经验进行总结，不断地对高中信息技术的教学方法进行探究改进，不断地对学科主题社区和线上导演教学相结合进行研究改进，不断地对上课的节目单经过不断设计尝试。为了不影响高一年级其他班学生的学习状态,笔者选择自己所教的高一学生为探究实践对象,抽取两个班,共有100位学生左右,师生共同参与"线上导演教学"课堂实验研究活动。

学生要发挥线上"演"的作用。一要"演"出学生在其学习过程中确立的主体地位,二要"演"出学生在其成长过程中形成的经验体系,三要"演"出"线上导演教学"平台是学生和知识之间的桥梁。每当学生接触到新的知识或者新的问题时,学生往往会根据已有的知识经验来解释新知识或解决新问题。因此,教师在教学过程中要十分重视每位学生的解决方案,能够以"线上导演教学"平台为基础,引导学生在"线上导演教学"平台上发表对新的知识的学习和理解,即把学生原有的知识经验作为"线上导演教学"平台新知识的成长记录点。

同时,信息技术应用能力是新时代高素质教师的核心素养。2013年以来,通过实施全国中小学教师信息技术应用能力提升工程,教师应用信息技术改进教育教学的意识和能力普遍提高,但仍然存在着信息化教学创新能力不足,同时大数据、人工智能等新技术变革对教师信息素养提出了新要求。而"互联网＋"、大数据、人工智能等重大技术,推动教师主动适应信息化、人工智能等新技术变革,积极有效开展教育教学。

第三节　双线"导—演—评"教学模式

一、教学模式背景

课程标准:2003年3月教育部《普通高中技术课程标准(2003年版)》、2018年1月教育部《普通高中技术课程标准(2017年版)》。

教材版本:广东版《信息技术基础(2003年版)》(必修)、广东版《数据管理技术(2003年版)》(选修4)。

信息技术:教育信息化整体推进应用、新媒体新技术、人工智能、触控一体机、虚拟现实(virtual reality,VR)、3D全景技术

2018年4月25日,教育部印发《教育信息化2.0行动计划》,到2022

年,我国要基本实现"三全两高一大"的发展目标,即教学应用覆盖全体教师、学习应用覆盖全体适龄学生、数字校园建设覆盖全体学校,信息化应用水平和师生信息素养普遍提高,建成"互联网＋教育"大平台,探索信息时代教育治理新模式。

2019年3月20日,教育部印发《关于实施全国中小学教师信息技术应用能力提升工程2.0的意见》,突出以学校信息化教育教学改革发展引领教师信息技术应用能力培训,抓住"关键人群",实行分类指导,适应技术发展,提出到2022年,构建以校为本、基于课堂、应用驱动、注重创新、精准测评的教师信息素养发展新机制,通过示范项目带动各地开展教师信息技术应用能力培训,基本实现校长信息化领导力、教师信息化教学能力、培训团队信息化指导能力"三提升",全面促进信息技术与教育教学融合创新发展的目标。为实现目标,提出四大任务:一是整体推进教师应用能力培训,服务教育教学改革;二是缩小城乡教师应用能力差距,促进教育均衡发展;三是打造信息化教学创新团队,引领未来教育方向;四是全方位升级支持服务体系,保障融合创新发展。

教育部启动的新课程改革,是以核心素养为改革方向,教学理念、教学价值、教学主导重新定义,与学科核心素养进行对接,构成学科核心素养要素的能力、品格、价值通过改革教学策略、教学设计才能达成。课堂教学策略是在这一轮新课程改革背景下提出的,从中进行教学实验,进行教学研讨。

教学模式:基于创客教室、网络电视台及云桌面系统,开设信息技术与教育教学深度融合的高效课堂。要求以学生为中心,以多样化、情境化为导向,实现教学过程重构的多维度精准教学课堂。主要有智慧学习环境、人工智能与教育技术、知识工程、技术支持的创新教学模式。

二、教学模式内容

信息技术与信息技术课程整合的线上线下混合导演教学策略:导演教学＋福鼎一中教学教研互动平台＋UMU优幕移动直播平台。将导演教学5个环节(教师编导、主持培训、收集话题、节目播放、当堂评价)线上线下同时进行。线下教学环节:教师编导、主持培训、节目播放。线上教学环节:收集话题、节目播放、当堂评价。线上难度最大的是节目播放。学生上讲台进行节目播放时,后面的学生可能看不到,听不清楚,这时通过网络电视台形式进行直播,学生可以线上自主学习。线上引入了 UMU 优幕互动平台,在移动端可以收看。教学从原来线性的资源支持转向丰富的情境建构、单向的师生交互转向多向的单元协作探究、接收信息的载体转向收集学习数据的工具、一次性教学流程转向个性化教学评一致等。

三、教学模式实施

(一)UMU 优幕平台上搭建互动网课

UMU 远程教学交流平台,它可以让教师更好地与学生进行教学互动,让学生获得比较好的学习体验,提高学习效率。

组建班级:在首页,选择"我的班级"可创建班级、邀请学生;可以轻松分享链接、二维码和分享码,让知识在"圈子"内传播;可以方便快捷地在线实时管理班级成员,让自己班的学生加入课堂。

部署课程:在首页点击"我的课程"可以快速创建课程,选择上课方式和是否发放课程证书。接下来可以根据教学大纲添加教学内容,并设置章节属性,如是否必修等。这时候,你可以选择课程内容的展示方式,也可以在课程中添加会议和直播,还可以设置课程互动方式。

课程发布:创建完成课程后即可快速发布至已有班级,剩下的就是聚人气了。格局大一点,你还可以面向全网发布课程。有计划有任务时,可以把课程分享给班级。想要提升一点儿影响力,可使用链接分享、二维码分享、访问码分享等方式把课程分享给家长及其他人。

课程学习:学生通过访问码、链接或者二维码均可进入课程,可衔接之前学习进度继续学习,也可以查看同学的进度。学生还可以根据自己的实际情况自定学习顺序,"我的学习我做主"!

课程设计:可以在课程界面查看最新参与人数,学员管理界面实时呈现学生学习进度;点击某一学生可查看所参与任务。

(二)导演教学与在线小组学习的组织

确定分组,在组长的组织下进行更加深入的学习。在完成一节课程的学习之后,组长定时关注社区中教师是否更新下一节课的主题。教师在更新完下一节课的主题后最好及时通知各组组长,告知其尽快带领各组组员完成自学任务。组长一旦确定社区中有教师更新的内容,要及时组织本组组员对导学视频进行学习,下载节目单,确定组内讨论的时间,督促组员利用课余时间完成下一节课程的初步学习及节目单中提供的任务。

各组可以选择在线或线下的方式,就下一节课程内容进行交流讨论,组员各自说明通过自学获得的知识及遗留的问题,组长收集并记录每个组员的问题,针对每个问题,组长组织组员展开组内讨论,争取能够通过协作解决一部分问题。在组内讨论时,组长一定要起到带头作用,调动组员的积极性,确保每个组员都能够积极参与讨论。最终组长收集本组通过自学和互学收获的成果及遗留的问题,在社区进行提交,并打卡表示本组已完成自学任务。另外,可以鼓励各组组员将学习成果和遗留问题做成 PPT 或者录制成各种形式的视频在社区中进行提交,以此种形式拓展学生的思维,提升学生的创造力,同时这种形式一旦在社区内形成风气会极大程度地提升学生的学习兴趣,提升组与组之间的竞争力和学生的协作意识与竞争意识,完成对学生综合能力的培养,且通过组内成员的交流还可以锻炼学生的沟通能力。

(三)开展线下课堂教学

教师在各组提交学习成果后要注意及时进行关注,总结各组的学习成果和遗留问题,针对一些较为简单的问题及时在线进行反馈讲解并确认学生能够充分理解讲解的知识。教师在对各组学习成果进行总结时要注意找出成果的共同之处,了解掌握全体学生都掌握的知识。在线下课堂,教师可以抽出 15 分钟的时间对全班说明所有学生的在线学习情况,在这 15 分钟内,首先抽出 3 分钟左右的时间说明所有同学都掌握的知识,在剩余的时间内一一提出各组的遗留问题,在全班范围内进行交流讨论。在讨论过程中,教师要起到引导的作用,争取在学生的讨论中让学生自己解决提出的问题,培养学生分析解决问题的能力。然后教师可以抽出 20～25 分钟的时间对本节内容进行综合梳理,争取做到高屋建瓴、深入浅出的讲解,能够让学生构建更加清晰完整的知识体系。最后教师可以对节目单中提出的问题或者各种情景进行相应的说明讲解,联系实际以增强学生对所学知识的实际应用能力,让学生做到学以致用,充分体会所学知识在生活中的意义所在。若有剩余时间,教师还可以进行一些当堂训练以巩固学生所学习的知识。

（四）进行自学成果评选

为激发学生的学习兴趣，增强组与组之间的竞争能力，同时也为了更好地表现出对学生自学成果的重视、肯定及尊重，在每月月末可以对各组的自学成果开展评选活动，评选出若干个优秀作品在全校范围内进行公示，也可以根据学校的实际情况给予一定的物质奖励。此环节最为重要的部分在于营造一种激烈竞争的氛围，确保全体学生都能够切身地参与进来。自学成果的评选可以参考当今各种竞赛类综艺节目的模式，首先可以在社区内以投票的方式由全体学生对各组的自学成果进行评价评选，对于所投小组，学生要给出选择这个小组作品的理由。然后教师对学生评选的作品进行汇总排名，选出候选作品，在候选作品中再由各位教师以更加专业的角度评选出若干优秀作品。在此过程中，教师一定要保证评选过程的公平、公正、公开，各处评选的原则和选择每个作品的理由，避免所谓的内幕，坚决不能因此而打消学生的积极性。

四、教学模式评论

线上线下混合学习可重新整合课堂时间，充分发挥线上线下的不同优势，利用智能设备增强课堂学习的交互性、合作性与探究性，最大化地满足个性化"异"学习，以解决学困生问题，推进教育公平。相比目前的面对面教学，线上线下混合导演教学优势颇多，如智能技术与课堂教学的深度融合，可以帮助教师专业成长，服务学生技术学习，真正把学科核心素养落在一线课堂。

未来校园是一个混合学习的地方，已经有大量在线学习在校园发生。混合式学习旨在重新思考课堂时间，发挥线上与线下学习的不同优势，将线上线下教学时间进行整合设计。强调通过线下活动促进学习者的知识内化，这一点尤为重要。我们知道传统教学有一个弊端，由于学生处于不同发展阶段，有不同需求，大规模的面授课程已经很难满足这样的需求。通过设计线上课程，线下实施面授，对学生进行学习支持，能够有效地解决这一弊端。混合学习打破了时空限制，有的学校在课堂使用技术，尝试基于技术的教学探究。例如，有的班级两位同学共用一台平板电脑，通过人机互动展开合作学习，展开社会建构，甚至他们会跟机器探索某个问题。混合学习推动着每个教师关注差异化教学，让课堂更具有互动性。混合学习并不复杂，只不过教师需要更系统地安排时间，做好一名学习设计师的本分，对一堂课要有更完整的系统构架，能够对线上线下进行整合运用。当一节课结束后，学生们可以打开更多学习方式。

当然我们也需要进一步反思，很多时候我们不太注重使用技术的权利平等，教师用了很多技术，比如搜索技术、网络技术、演示文稿技术，却没有把这个权利带给学生。只有当权利平等，后续一连串的反应才会真正发生，我们需要尊重这种平等。伴随着互联网时代的到来，在如何引导学生用所学知识解决现实问题方面非常缺乏经验，期待包括教育工作者在内的其他各方一起参与到教育创新中来。

第四节 "导—演—评"教学模式实验过程

教学模式实验过程恰逢宁德市第二届中小学名师培养工程开展，笔者有幸被聘任为信息技术学科跟岗实践导师，跟岗学员共有 4 位，他们分别是福鼎市第六中学（以下简称"福鼎六中"）信息技术老师林温阳、宁德市民族中学（以下简称"宁德民中"）信息技术老师陈小辉、古田县第一中学（以下简称"古田一中"）信息技术老师翁锦琳、霞浦县第一中学（以下简称"霞浦一中"）信息技术老师郑玉燕，师徒 5 人一起开始了"导—演—评"教学模式实验过程，一直在探索信息技术教学模式，写了学习日志、观察量表、听课笔记摘要、教学反思。

一、实验过程学习日志

学习日志就是把每天学习的教学教研经过记录下来，以供参考，对实际发生的课堂逐字逐句地进行文本记录。学习日志本身是客观的记录，但不能从学习日志直接看出教学的思路和想法，如果从学习日志看出了教学的思路和想法，也只是推测。

学习日志内容：2019 年 4 月 16 日，是跟岗实践活动第二天。今天跟岗活动安排内容是：跟岗 4 位学员进行同课异构，课程内容选自广东版高中信息技术选修 4 "3.3 数据的统计和报表输出"。他们提前到达机房，进行准备调试。上午第三节课,高一4班的学生进来了,笔者给班上同学做了上课老师的介绍,受到了同学们的热烈欢迎。

来自福鼎六中的林温阳老师第一个上课,他的课程条理清晰,目标规范,手段先进,方法得当。第一次看林温阳老师的课,是在一师一优课平台上,很认真看了他的一堂课,第一眼就被惊艳到,整个课程从课件到后期编辑都让笔者惊叹。这次能现场听他授课十分荣幸。他采用的课程平台可以实时推送课程内容,学生根据平台更新的内容跟踪课堂,这个平台深得笔者之意。

上午第四节课,是来自宁德民中的陈小辉老师上课,他执教的是高一3班的课程。他采用的是传统的常规课教学模式,整个课堂内容完整,授课流程思路清晰,互动引导问题分析很清晰,给笔者的感觉最为老练,课堂把控性很强。小辉老师是靠谱的典型,总是不紧不慢,直击要害,笔者也想越长大越自如。

下午第一节课,是来自古田一中的翁锦琳老师上课,他执教的是高一1班的课程。他是一个技术控,个人能力强,为了备好这堂课,午饭过后赶回电脑室,测试教学ITtools平台,为防止意外多方测试。他的课堂思路清晰、条理分明,以探究任务为主。ITtools平台的实时检测功能强大,听完课笔者就被圈粉了。锦琳老师是一个很爱笑、很热心肠的人,他还帮电脑室的服务器安装了一个虚拟机,装了服务器系统,安上了ITtools,在此要再次表示一下感谢。

下午第三节课,是来自霞浦一中的郑玉燕老师上课,她执教的是高一2班的课程。这节课程郑玉燕老师进行了精心准备,看了很多优质录像,参考了一系列的课程案例,最后设计了基于超星平台的一堂自主探究课程。课程的初衷是希望把课堂交给学生,老师能够更多到学生中发现问题、解决问题。初衷很美好,现实很残酷,上完后郑玉燕老师有很大的挫败感。

二、实验过程课堂观察量表

(一)观察维度一:学生学习观察

(1)学生学习"学生倾听"观察。需记录每一次倾听人数与记笔记的人数。倾听包括点评倾听、展评倾听、小组互动倾听。点评倾听是指教师在解说知识点,点评学生作业时学生认真听讲的情况。展评倾听是指某位学生上台展示时,其他学生认真听其解说的情况。小组互动倾听是指在小组讨论过程中,本组内学生认真听其中一位学生发言的情况。

(2)学生学习"学生互动"观察。回答问题层次:识记、理解、应用。回答方式:个别回答、群答,学优生帮助学困生次数与人数。学习秩序:有序、无序。学习效果:有效、无效。

(3)学生学习"课堂自主学习"观察。学习任务:自主阅读、完成学案。学习形式:探究、记笔记、阅读、思考。效果检测方式:提问、展示、检测题。效果检测结果:有效、无效。学习秩序:有序、无序。

(4)学生学习"学习目标的课堂达成"观察。学生表情:投入、不投入,学生观点:回答、提问、汇报。学生作业:书面表达、制作模型、演示。

(二)观察维度二:教师教学

(1)教师教学"问题与理答"观察量。表述的科学性有清晰、明确、有层次,理答的态度有认真、忽视、视而不见,理答的方式有教师自己指正、由同伴补充完善、换其他同学回答、由学生评价,理答的效果有好、较好、一般、不好。

(2)教师教学"教师课堂评价有效性"观察量表。评价类型有提醒型评价、补充型评价、纠正型评价、鼓励型评价、替代型评价、模糊的评价、重复的评价、评价缺失、评价错误。

(三)观察维度三:课程性质

"学习目标"观察量表。目标表达的"规范"有对象、行为、条件、表现程度,目标表达的"清晰"有具体明确、模糊不清,教材有教科书、补充材料,新生成目标合理性有与课标要求联系是否紧密、是否切合学生实际、拓展延伸是否有效、课堂没有生成新目标。

(四)课例的类型及其撰写

对课例的划分没有一个统一的标准,以下的划分是根据课例对教师专业水平提升的作用来区分的,它们之间并没有逻辑上的严格并列关系,相互有所交叉,但主要是根据课例的侧重面对教师专业发展的价值而言。其共有4个类型:第一个,问题呈现型。这种课例主要来自教师课堂教学实践中所产生的问题,主题往往就是问题的核心所在。它关注到了理论与实践的关系,但偏重于实践中存在的问题,课例设法找到理论来解释并协助解决实践问题,以问题的形式唤起教师的深刻反思及随后的反省行动。问题通常是开放型的,没有相对统一的共识。第二个,经验分享型。这种课例主要来自教师一个新颖的教学设计及其随后的教学改进过程。表达的手法通常会以"故事"的形式来叙事,这种利用"叙述体"的知识极易在教师之间取得沟通。课例本身是教师用于查找他人同一内容载体如何教学的重要文献资料,是一般的理论性文献资料无法取代的知识。第三个,理论验证型。这类课例的出发点往往是推崇某种教学思想或教学理论的价值,认为教学就是将这种思想或理论应用于实际课堂教学的结果。课例往往从各个角度印证教学思想或教学理论的鲜活实例。这种课例暗含的结构是演绎型的,就是从理论观点出发,按照理论设计和改进课堂教学,最终再用该理论来解释教学或课例,从某个角度丰富了该理论。将理论知识与实际课例顺畅结合,拓展学习方式,延伸学习内涵,升华课本知识。第四个,知识产生型。这种课例比较少见,但其价值较高。这里的知识产生包括课例所反映的新的教学思想、理论视点等,也包括课例研究中对学科内容产生的新发现、获得的新知识。这种课例可以丰富教师的学科知识。

三、学员第一次实验过程总结

(一)福鼎六中林温阳老师总结(指导教师:林贵台)

2019 年 4 月 15 日到 4 月 19 日,在福鼎一中进行了为期一周的跟岗研修学习,感谢我们的实践导师林贵台老师实事求是、毫无保留的指导和帮助。一周以来,林老师如影随形,与我们共同研讨教材、实践课堂,让我体会到自己教学中的很多不足。现将此次跟岗研修学习总结如下:

(1)专业规划助成长:有规划的教育人生不迷茫。此次向林贵台老师的跟岗学习,激励着我有计划地成长。林老师的成长历程就像指明灯、领路牌,指引着我走向幸福的教育人生。林老师向我们论述和分享了一条铁律:要成为一名成功的信息技术教师,首先要扎根于出色的课堂教学,还要拥有先进的教学理念和独特的教学风格。我给自己的定位是要成为一名教科研型的教师,注重教学有见解。从加入市名师学带培养对象的那一刻起,我坚持学习不断前行。在未来的 4 年培养学习中,争取在学院导师的帮助下,让自己的课堂教学水平有质的飞跃,根据自身特点确定研究主题,不断锻造自己。

（2）观摩课堂受益丰：每节课实践导师林老师都为我们做最好的示范。从"新闻3+1"教学模式到导演式课堂，林老师课上以诙谐幽默的语言，让学生在轻松愉悦的项目活动中学会新知、掌握技能、启迪智慧。这其中的点点滴滴都让我们受益匪浅。此后，我们小组成员4人分别同上一节课，进行同课异构，相互间带着观察量表进行课堂教学观察和诊断，提出改进意见和建议。实践导师林贵台老师还说，平时上课也可以用手机录制，再反复看，多反思；还要多观摩同组或其他学科教师的课，多参与观课、评课和议课，学习驾驭课堂的经验和技巧，反观自己的课堂，取其精华而用之。通过多上公开课、多听课、多评课，练就扎实的课堂教学专业技能，让自己迅速成长起来。

（3）魅力语言情共生：教师传道、授业、解惑，师生间信息传递和情感交流，离不开教学语言这一影响学生心灵的有力工具。想要提高课堂教学水平，就得研究课堂教学语言艺术。苏霍姆林斯基说过，教师的语言修养很大程度上决定着学生课堂上的脑力劳动效率。简洁、流畅、精准的课堂教学语言表达，能快速高效地完成对学生传授知识、培养技能和开发智能。用标准的普通话进行教学，兴趣盎然地表述、鞭辟入里地分析、恰到好处地点拨，能开启学生的心智，陶冶学生的情操，这样的课堂绝对不会枯燥，学生是真正喜欢的。教师用提示、重复、追问等多种方式，鼓励诱发学生回答并理答，关键在于教师能设疑激趣，扣人心弦，能化深奥为浅显、化枯燥为风趣，让学生如临其境、如见其人、如闻其声。

（4）阅读写作促成长：跟岗学习的第一天，林贵台老师就带领我们来到福鼎一中白茶图书馆，图书馆每层独特的布局设计别有一番韵味。该馆于2012年被福建省教育厅授予"福建省中学示范图书馆"。常言道：教师想给学生一碗水，自己就得有一桶水，并指给学生一条河。这一点唯有阅读才能实现。最是书香能致远，腹有诗书气自华。多阅读教学专著以提高教学理论水平，在阅读中反思并加以实践。在阅读与写作中成长，知识的甘泉才不会干涸。教师进修学院缪书记给我们分享的博文"每位优秀老师都有一部成功的阅读史"中，作者张玉新写道：书底儿的厚度决定了教师专业发展的高度，阅读让我们知识结构完整，专业有积淀有提升。窗畔灯火阑珊处，案边捧卷读书时，此情此景岂不美哉！

此次跟岗学习真的是收获颇丰，重新回到自己的工作岗位，我将从林老师那学到的宝贵经验带回自己学校，服务课堂，服务学生。深感自己还需不断学习、不断努力，以一种执着进取的心态，迈向教育人生新台阶。

(二)宁德民中陈小辉老师总结(指导老师:林贵台)

蓦然回首,青春已逝,桑田已成沧海,多年后才明白,众里寻他千百度,你们都在灯火阑珊处,为期一周的福鼎一中跟岗实践活动完满结束。

2019年4月15—19日,参加了宁德市第二届名师学带跟岗实践活动(信息技术),本次跟岗实践地点是福鼎一中,跟岗导师是福建省信息技术学科带头人林贵台老师。贵台老师作为我们的导师,温文尔雅,实力超群。在这一周中,按照行程安排我们参观校园、参与教研、聆听讲座、集体备课、同课异构、共心磨课、再造新堂。时间上各项活动都安排得井然有序,这一周是我们激动而磨炼的一周。

首先,最令我难忘的事件是"同课异构",在这次"同课异构"中,导师为我们选择了广东教育出版社出版的高一信息技术(选修)版教材——《数据管理技术》第三章第三节的内容"数据的统计"。在这节课中,4人如八仙过海,各显神通。除了我,其他3人都用到了平台,这是信息技术课堂常见的方法。因为基于平台的学习在一定程度上有利于学生进行自主探究学习,包括课内探究和课外探究。但个人觉得平台的弱点在于,借班上课对学生而言不同的平台使得他们存在陌生感,需要一段时间的学习。而本次上课我们面对的对象均不是自己的学生,平台的使用,除了线上线下的探究学习,在一定程度上耗费了我们宝贵的45分钟课堂,使得我们在知识的传授上都感觉到整个课堂进度很紧凑,学生没有更多的时间进行拓展思维。因此,个人认为,平台在一定程度上"好坏各半"。

其次,"课堂观察量表"。我从教以来第一次观课采用"课堂观察量表",第一次感受到课堂观察量表的强大功能。不可否认,量表在一定程度上让教师在课堂上进行"裸授",它从全方位、多角度、全面地剖析教师授课的情况。它从学生倾听、学生互动、自主学习、目标达成、问题与理答、有效性评价等方面进行了观察。这在一定程度上矫正了教师传授知识、课堂互动、目标达成的行为偏差。但个人觉得,一堂课的时间和精力都是有限的(包括教师和学生),一节课内不大可能都能关注得这么全面。能关注到量表内容的80%,那这教师就是十分优秀的教师。当然,一名好教师,或有效教学的教师应尽力朝着这个目标而努力。

最后,讲座的大容量和密集度是平生的一次大吸收。两个半天,6场专家讲座,从学科起源讲到学科发展,从学科知识讲到技能更新,从授课模式讲到创新手段,从课程发展讲到课程改革的一场场讲座,如同一本本的笔记，它是点、线、面的贯穿，它是知识的大整合，是对我从事学科教学的挑战，更是一种机遇。面对即将开启的新课程改革，我们只有撸起袖子努力干。

时光飞逝，一周已过，本周我遇见了久仰大名的林贵台导师，遇见了3位实力派同学。这遇见是跟岗一周的缘起，一周中，一次次的打磨，促进了我们一次次的成长，导师的严谨与笃行，同学的勤学与奋进，都催促着我快速成长！我们相遇福鼎一中，我们相知学习不易，我们相行未来可期，愿未来，遇见更好的我们。在此，再次感谢贵台老师的倾情指导！

（三）古田一中翁锦琳老师总结（指导老师：林贵台）

转眼间，第二届市名师培养工程课程已经进入了第一次跟岗阶段。如果说之前的几次集中研修在于储备教育教学理论知识，掌握学科教学、课堂观察、课题研究、论文撰写的常用方法，那么跟岗实践活动，便是理论联系实际，将知识转化为能力，用教学实践验证教育理论的最好途径。

刚接到跟岗文件，我的内心充满了激动与焦虑。激动的是，满满的活动安排，内容是如此丰富，有课堂观察、同课异构，有课例研究、课题研究，还有专家讲座和观摩课等，我从来没有在短短的5天内参加这么多教学教研活动；激动的是，跟岗的指导老师是我们整个宁德市信息技术学科最有名的林贵台老师，和我同一组的是福鼎六中林温阳老师，宁德民中陈小辉老师，还有霞浦一中郑玉燕老师，也都是我们市里非常有名的信息技术骨干教师。但在激动的同时，也感到阵阵焦虑。焦虑的是，这么多活动，我能胜任吗？要和这么有名的老师们"同课异构"，我能行吗？

带着这样激动与焦虑的心情，我来到了美丽的福鼎市，见到了导师和同学们，参加了跟岗活动的启动仪式。随着跟岗活动的开展，慢慢地，我的焦虑消除了。因为不管是贵台老师也好，还是和我一起跟岗的3位老师也好，他们都有很强的亲和力，我一下子就融入跟岗活动中，也和他们成了好朋友。几天来和他们一起学习、交流、切磋，我感到无比幸福和快乐。这次跟岗让我特别难忘。

"同课异构"，让我特别难忘。贵台老师安排的课是《数据管理技术》中第三章第三节的内容"数据的统计"。我们4位老师的课各有特点：温阳老师课程设计完整，善于抓住关键点，平台应用娴熟；小辉老师善于引导学生，讲课思路非常清晰，课堂把控能力强；玉燕老师很会钻研，有许多好想法，她的课非常具有创新性，而且她用到的超星尔雅教学平台真是太棒了！

而我则用了信息技术辅助教学平台来上这节课，使用了平台中操作题的测评，效果还可以，但这节课内容设计过多，我一直在赶流程，效果不是特别理想。因此，我这几天会把设计做适当的改进，然后再上一次，看看效果如何。我觉得"同课异构"活动能够更好地发现自己的不足，并学习其他教师的优点，促使自己不断进步。

"课堂观察"，让我特别难忘。"同课异构"的同时，我们其余老师对上课教师进行"课堂观察"。虽然之前我对"课堂观察"也有一定的了解，但平时极少真正用课堂观察量表来记录课堂。这次要一下子观察好几节课，而且还要从不同角度观察，真是个好机会！课堂观察从全方位、多角度对上课老师、学生乃至整个课堂进行360度无死角的观察，在很大程度上能够把这节课的各方面情况都体现出来，有利于对这节课做定量的数据分析，从而发现不足，这对磨课是非常有帮助的。通过课堂观察，玉燕老师后面又改进了教学设计，重新上了一节课，第二节课与第一节课相比，有了很大的进步！

"讲座聆听"，让我特别难忘。这次跟岗活动，适逢福鼎六中举办宁德市信息技术教学研讨会，因此我们我还听了很多讲座。讲座可谓是一场接着一场，内容丰富多彩，令我受益匪浅！林雄老师的"乘势提升，迎接挑战"让我明白我们身为信息技术教师所面临的机遇与挑战，我感觉未来的路真是任重而道远；颜亮老师的讲座让我认识了许多新技术，了解了许多在平时信息化管理时的一些困惑；而诗琦主任的讲座则让我明白如何强化学科意识，打造优质团队，明白了平台对教师成长的重要性，这里我还要感谢市教师进修学院给我们提供了这么好的学习平台。最后让我印象深刻的是温阳老师关于课堂观察的讲座。他从5个方面对课堂观察进行了深入的剖析，并提出自己的见解，探讨如何在大数据背景下观察课堂学生学习行为、教师教学行为、教学设计与实施和课堂文化建设。温阳老师讲得太精彩了！

与老师们的交流研讨，让我特别难忘。贵台老师对我课题的题目做了详细的分析，并给予了指导，更让我明白课题的选题原则，他还教我如何在课题研究过程中做出自己的特色，体现自己的风格，同时他还为我的下一次选题提供了方向，令我豁然开朗。贵台老师的观摩课让我明白如何在课堂上真正让学生自主起来，他独创的"新闻3＋1"教学模式对培养学生的自主性起到了巨大的作用，真的很佩服贵台老师。经过与3位跟岗老师的交流，我们找出彼此的优缺点，并相互学习，共同进步。5天的跟岗，时间过得

特别快,任务非常繁重,但收获满满,我感到无比快乐。路漫漫其修远兮,
吾将上下而求索。期待下一次的跟岗活动,期特下一次与贵台老师和3位
实力派同学的相见。

（四）霞浦一中郑玉燕老师总结（指导老师：林贵台）

时间很快,经过3次的集中培训,已经到了跟岗实践活动阶段,此次跟
岗我们中学信息技术组一行4人:福鼎六中的林温阳老师,宁德民中学的
陈小辉老师,古田一中的翁锦琳老师及霞浦一中的郑玉燕老师。我们的跟
岗地点在福鼎一中,我们的导师是福鼎一中的林贵台老师。此次跟岗为期
5天,从2009年4月15日到4月19日。导师为我们设计了5天的跟岗实
践活动,其间恰逢宁德市通用技术名师工作室教研活动在福鼎一中开展和
宁德市初中部信息技术公开课大赛在福鼎六中开展,我们有幸参与旁听讲
座和观摩教学,收获颇丰。

(1)关键事件。我们主要开展的活动项目有参观福鼎一中美丽的校
园,体验食堂就餐;参加了福鼎一中技术组教研活动,恰逢市通用技术名师
工作室教研活动在福鼎一中召开,我们一行前往参与学习。"同课异构"高
中信息技术广东版选修4《数据管理技术》中的"3.3数据的统计和报表输
出"这一课,4人各自备课,通过"同课异构"开展课例研究,使用课堂观察量
表,做好课堂观察记录,课后开展研讨活动,研讨后选了我的这一堂课,又
进行二次备课,通过反思与改进,我进行了本节课的第二次教学,第二次实
施课堂观察研究。就"同课异构"的3节课进行第一次课例研讨,二次备课
后再实施课堂教学与观察,进行第二次课例研讨,形成课例研究报告。每
个人就自己的课题进行了交流,向导师请教,同时对于信息技术学科教学
中存在的困惑与导师进行沟通。

(2)主要收获。通过此次为期5天的学习、交流、沟通,我发现了自己
课堂教学中的短板,并解决了一直以来困扰我的一些问题。

第一,课堂教学设计上,不够注意新课标价值观的体现。教学设计时,
往往注重于教学内容的传授,想的是如何更好地调动学生的主动性,让学
生更好地掌握知识点。就如我们"同课异构"的"数据的统计和报表输出"
这一课,我们几个都注重于知识的传授,而对于学完统计以后可以做什么,
为什么学它,并没有做深入引导,使得课堂就是知识与技能传授的课堂,无
法体现价值观。

第二,课题问题上,一直无法找到适合自己的课题,纠结于如何编一个

好的课题题目,引入了好多个新颖的名词,却无法体现自己的风格。经过课题研讨,受到了导师的引导,明白了如何才是体现个人风格所在,最终重新拟定了新的课题。

第三,基于平台的信息技术课室教学研究,本次我们 4 人分别使用了:基于福鼎四中老师自创的教学平台,福建省教育资源公共服务平台+问卷星的教学平台,基于 ITtools 平台的教学,基于超星尔雅平台的教学。通过结合使用平台进行教学,发现平台的使用更多时候可以实现学生自主学习与自主检测,课堂学习数据的分析与统计,课堂知识点的梳理与课后复习使用。同时发现使用平台进行教学,一方面,教学时间无法把握,课堂教学过程中,由于更多地关注到学生个体的学习进度,而学生的进度整体不一,容易造成时间不好控制,另一方面,由于平台还存在不稳定的现象,教学过程中要做好两手准备,不能一味依托平台。

第四,使用平台进行教学,平台上的教学内容要做好梳理与设计,以免学生在学习过程中跟不上教师的教学流程,找不到学习要点,对于课前的备课尤为重要。最后,观摩了一系列的课堂教学,对于郑彬彬老师设计的游戏闯关尤为感兴趣,发现信息技术课堂还可以这样设计,教学内容设计上层层递进,将整节课的知识点分解成几个游戏关卡,让学生通过一个个关卡的学习,完成知识点的掌握,其中巧妙之处在于将课堂小结设计成最后一个关卡,学生到此关意犹未尽,精神集中,能够更好地回顾总结知识点。

(3)主要学科困惑及是否改进。

主要学科困惑一:学生的信息技能存在较大的差异,学生家庭中计算机的拥有量,接触了解计算机的时间,计算机操作技能,对计算机的学习探索兴趣等方面有差异,造成组织班级教学较有困难,导致教学进度受影响。改进:通过采用教学辅助平台,辅助开展教学,平台的教学内容设计、资源设计尤为重要,使学生在课堂学习后,对不理解的地方还可以反复学习观看,通过平台设置自主测评,可以让学生自主完成,根据自己的学习进度自主调整,教师可以在课堂中得到解放,从而更多地关注学生,发现问题,解决问题。

主要学科困惑二:目前信息技术教材无论是内容编写,还是选用、审核都存在很多实际的问题。高中信息技术受会考影响,目前还在用着严重滞后的软件,实用性不强,学生的学习积极性不高。改进:未有改进。普通高中新课标强调学科核心素养,高中信息技术教材将进行改版,时间未确定;

与会考相关的软件硬件要求还是相对落后，未有改进。

主要学科困惑三：教学观念转换滞后，在应试教育的束缚下，学生面对繁重的学习任务，对信息技术学科不够重视。在高中教学中，信息技术课程在高二就结课了，会考标准也较低，信息技术课程自身尴尬的教学地位，直接决定了家长、学生对该学科的重视程度不够。改进：面对应试教育，信息技术学科在普通高中是副科，不受重视。教师在学科教学中，除了应付会考，还应该体现学科核心素养。如何调动学生的课堂学习积极性，这是一个长久的教学课题，值得一直研究。

四、学员第二次实验过程总结

4位学员：福鼎六中林温阳、宁德民中陈小辉、古田一中翁锦琳、霞浦一中郑玉燕，第二次跟岗实践时间是2019年10月28日至11月1日，地点在福鼎一中。

(一)福鼎六中林温阳第二次实验过程总结

2019年10月28日至11月1日，第二次来福鼎一中进行为期一周的跟岗学习，师从导师林贵台老师。这次学习让我受益匪浅，收获颇丰。首先感谢学校给的这次开阔视野、学习新理念的机会。在跟岗学校学习的一个星期里，得到了跟岗学校老师和领导的亲切关怀与帮助。导师林贵台老师不吝赐教，让我们备感亲切。同时，福鼎一中老师的敬业精神，学生讲文明、守纪律、有礼貌等行为养成教育，都给我们留下深刻的印象。跟岗期间，我们同行4人认真学习，认真反思，注重团队交流与讨论，每天都坚持写跟岗心得体会，现将这次跟岗学习活动小结如下。

1.栉风沐雨　砥砺前行

每天的跟岗活动学习任务重，我们4位学员视压力为动力，用心参与跟岗学习活动，这段时间过得很充实。最大的收获来自我们的导师林贵台老师。我们一大早便来到福鼎一中福全山高中部校区，直到傍晚才各自回住所；中午在机房或信息主控中心午休一小会儿，除了上同课异构的观摩课，就是备课，修改课件，调试教学平台，讨论教学教法。这里的老师们对工作的认真执着、敬业精神，让我们备感惭愧，又深受鼓舞。今后我会将压力视作动力，提高工作积极性，全心全意地做好教育教学工作，无愧于人民教师的称号。

2.导师示范　历练成长

在跟岗学习期间,导师林贵台还给我们上了导演式"四化"课堂的示范课,听了林老师的课,我们受到了很大启发,真正理解了现行提出的项目式教学的意义与教学组织方法。同课异构,每个老师的教学设计都很精彩,课上学生学习都非常投入,热情洋溢,掌声不断,真正见识了不同老师的教学风格,让我的课堂教学能力得到有效锻炼和提升。每天听课结束后,我们都集中在一起谈论交流自己今天的心得,通过听评课,在活动中观察和感悟老师们的教学技术与教学艺术,充分感受与体验教育思想和教学风格,让自己的教育教学理念得到很大程度的更新,教学手段和教学方法发生了改变,教学水平和教学技能得到一定的提升。

3.教育理念　润泽人心

绿树成荫、金桂飘香的书香校园中,朗朗的读书声、处处的宣传牌,体现着一中厚积薄发、追求卓越、探索发现、实践创造的精神内涵;书香致远、格物致知的育人理念,处处体现着为了学生的发展,为了学生的生命成长这一目标。学校的育人氛围浓厚而精致,拓展了学生全方位、多角度的发展视野,也培养了学生多方面的兴趣。校园文化重要的是从教师和学生身上散发出的与众不同的精神面貌,是渗透在骨子里的一种品质。它是通过现任陈载耀校长不断引领,老师们不断领会,通过外在熏陶、内在培养,表现在全体教职员工身上的气质,最后形成学校独有的一种精神气息。

4.示范引领　源源动力

在福鼎一中林老师的指导和带领下深入课堂,陆续听取了展示课、汇报课、教研课。课堂上,教师们耐心地鼓励学生大胆提问,大胆质疑;真诚地倾听每位学生的发言,注重于学生不动笔墨不读书习惯的养成;努力培养学生的探索精神和想象能力,促进学生智慧成长。初步构建起"简约而不简单,开放而不随意"的智慧课堂教学模式……这无不体现了课堂上"以学生为本"的教育理念,从而带动了学校教育的和谐发展。这里的办学理念,领导的管理策略,教师的精神面貌,学生的各方面素质,都让我大开眼界。这些对于我来说都是全新的教育教学理念。这里的老师们在工作中兢兢业业,勤勤恳恳,我深深感受到老师们的敬业精神。导师林贵台是一位省级名师培养对象、省级学科带头人、福鼎市名教师,但他没一点架子,待人很热情,有很高的人文素养和人格魅力。林老师对工作的那份执着、认真、负责,那种敬业的精神深深地感动着我,鼓舞着我,成为我在自己今后的教学岗位上的一种动力。

5.同舟共济　携手并进

在每次的交流研讨互动中，我们4位学员都会结合自身教学实际谈体会。每一个话题都会引发小组成员的热议，感觉每天都有不小的收获。交流中大家各抒己见，开阔了视野，提高了教学技能。研讨交流充实了自我，让我受益匪浅。我将把所学所感应用于今后的教学实践，使教学水平更上新台阶。

深深体会到在培训班启动仪式上专家提及的"鸡蛋从外部打破是食物，从内部打破是生命"这句话的哲理。跟岗学习实践亦如此，从外打破是压力，从内打破是成长。学习不只是为了改变，更是为了成长，为了更好地教，以利学生更好地学。我要像那海绵一样不断吸收营养，不断完善自己，努力自我超越！在这里，我还要感谢学校领导给我这次走出校园学习的机会，感谢同组的老师给予的支持和帮助。今后，我将以此为契机，不断学习进取，加强教学功底，促进自身专业化成长。

(二)古田一中翁锦琳第二次实验过程总结

时间过得真快，一个星期的福鼎一中跟岗学习已经结束了，这已经是我第三次来福鼎一中学习了。每次来到这里，都会被这里浓浓的书香氛围吸引并陶醉其中。在福鼎一中，我总能感受到福鼎一中老师们爱岗敬业的职业精神和同学们奋发向上的求学精神。在跟岗学习期间，林贵台老师对我们进行了专业的指导，一起学习的林温阳老师、陈小辉老师和郑玉燕老师也给了我许多帮助。聆听讲座、集体备课、同课异构、课例研究、常规教研、课题汇报等各项活动都安排得井然有序。这一周是忙碌的，也是无比幸福的。令我印象最为深刻的是以下3点：

第一，这次培训令我收获最大的是林贵台老师的专题讲座"新时代教育信息化新使命"。林老师首先从习近平新时代中国特色社会主义思想、教育新时代、技术新时代、教育信息化新时代等方面入手，让我感知了新时代我们所承担的责任与使命。接着，林老师讲授了当前课堂教学和学科活动的基础思路。我们的教学目标从最初的"双基"——基础知识和基本技能，到后来的"三维目标"——知识与技能、过程与方法、情感态度与价值观，再到现在提到的核心素养，以立德树人为教育目标，不断地对我们教师的能力提出更高的要求。林老师提出了"四化课堂"（"四化"包括"学生演员化""教师编导化""课堂信息化""教学项目化"）、"导演教学"与"建立以德树人的孵化器"，理念先进，思想独到，让我大开眼界。这些思想给了我很大的启发,让我更好地明白了今后的方向。

第二,"同课异构"活动的开展,让我明白了自己的不足,激励着我不断努力向前。林老师安排的课是广东版《信息技术基础》第二章第四节的内容——"设计一个旅行计划"。首先是由林老师给我们开设了一节示范课,林老师以"三一八川藏线骑行计划"为主题来上这节课,非常精彩,充分体现了他提出的"四化课堂,导演教学"的思想,体现了"以学生为主体,教师为主导"的教学思想,注重培养学生的核心素养。听了他的课,我不仅学到了新思想新理念,更学到了如何将这些理论应用到实践教学中来。我深刻地明白,以后要不断总结反思,紧跟时代步伐,教学能力才能逐步提升。

然后就是我们4位老师的课了。玉燕老师总是那么有亲和力,总是能够很好地带动学生,她的课永远都是非常精彩、有趣,能够深深地吸引我们;温阳老师教学功底深厚,颇有名师风范,他善于抓住关键点,并注重细节,能够充分发挥学生自主学习与合作学习的精神,课堂非常精彩;小辉老师利用他学校的北大研学活动"凤凰腾飞,梦想起航"作为情境引导学生学习新知,非常有意义,学生的学习兴趣也被充分激起,整堂课思路清晰,环节紧凑,尤其是师生互动非常精彩,让我大开眼界。我这次的课总体也还算比较完整,学生也较好地展示了成果。这要感谢课前贵台老师和3位老师的精心指导。

课后我们对这个课例进行了反复的交流、探讨、研究。这样的"同课异构"活动,对教学技能提升是非常有帮助的。

第三,课题阶段性的探讨,让我对课题的开展有了方向。我们4位跟岗老师对自己的课题做了阶段性总结,探讨了下一步的研究方向,并对各自的课题开展提出更多操作性强的任务安排。这次课题的阶段性探讨,解决了我课题开展过程中的许多困惑。

通过课题研讨交流,我发现了我的教学理论水平还有待提高。每一位教师要想进行课题研究,就先要在理论上做足文章,大量阅读教育理论专著,多读书,就像蜜蜂一样在教育理论的海洋中包括其他对自己有用的书籍中采"蜜",博采众长,不断提炼,方能有丰厚的理论水平,如此你开展课题研究就不会变成无源之水。同样,教师研究与教师发展是密不可分的,教师要想发展提升,就必须要进行研究,以研促发展,同时教师发展了,也有利于教师开展研究,提升研究水平。因此,开展课题研究有利于促进教师不断学习,不断提升理论水平。

作为一名教师,不能仅仅成为"教书匠",还应是一位"科研型教师"。

只有这样的教师才符合新时代的要求、新课程的要求，而开展课题研究，就为我们提供了这样的平台，为我们搭建了专业成长的梯子。

虽然跟岗结束了，但真正的培训学习还应在今后的日常教学中。跟岗学习促进了我的成长，使我提高了认识，理清了思路，学到了新的教学理念，找到了自身的差距和不足。

福鼎一中给我的印象特别深刻，虽然在这边的学习时间很短，但让我终生难忘。再次感谢贵台老师对我的精心指导，感谢 3 位老师给我的热心帮助。今后，我将进一步努力，不断学习、充实、进取，努力超越自我，希望自己的教学能力和各方面的素质能够有更大的进步！争取真正成为一名具有引领示范作用的教师，为教育事业的改革与发展贡献自己的一份力量！期待下一次的活动！

第五节　信息技术教育反思与叙事

一、信息技术教育反思

中小学教师要重新发现自己、认识自己，回到做自己的研究、研究自己的本来状态。以自己为研究对象，以自己为研究工具，进行反思，创造一个新我。

（一）对福鼎六中林温阳老师"3.3 数据的统计和报表输出"观课反思

本节课重在任务的探究，通过演示、实践、讨论的形式以加深学生的印象。林温阳老师采用任务驱动，从教学效果来看，能够较好地完成教材安排的内容，有详有略、有主有次的教学设计也可减少学生的学习负担，学习兴趣浓厚。这样设计本节课，不仅能够加深对教材重难点知识的掌握，还能够激发学生积极回答问题，提倡协作精神，发现问题、解决问题，启发学生一题多解的思维。层层深入、步步推进是本节课教学设计的另一个亮点。这样设置可以帮助学生快速融入课堂，突破教学难点。最后让学生进行自我总结、自我归纳、自我检验学习效果,突出了学生的主体地位,同时锻炼了学生的表达能力。学生在林温阳老师的分析后,总结自己在学习中存在的问题和错误,争取在下次的操作中自己克服难题并得到提高。存在问题:林温阳老师因探究任务较多,导致时间分配上较为紧迫,以后可尝试安排更多的时间,让学生多提问题,多上台演示充当"小老师"。另外,也可设置一些趣味活动,让更多的学生参与进来,使学生真正成为学习的主体。

（二）对古田一中翁锦琳老师"3.3 数据的统计和报表输出"观课反思

"3.3 数据的统计和报表输出"这节课是高中信息技术选修《数据管理技术》第三章第三节的内容,本节主要目标是让学生学会建立带统计功能的查询,由于学生在 3.2 节中已经学会了数据的查询,这为本节课的学习奠定了基础。本节课翁锦琳老师的设计思路是这样的,首先通过"查询每所学校的参赛作品数量"这个任务引入,回顾如何使用之前所学的查询方法来完成这个任务,找出不足:缺了统计功能,从而引出课题"数据的统计"。接着翁锦琳老师采用任务驱动的方法开展教学。主要设计了 4 个任务:两个探究任务和两个实战任务。第一个探究任务为最基本的带统计查询。学生通过观看视频自主完成任务,掌握利用查询进行统计的基本方法。第二个探究任务相比前一任务难度有一定加深,翁锦琳老师采用适当引导的方式,让学生通过自主探究和合作交流完成任务。在学生完成两个探究任务的同时,还要思考与探讨翁锦琳老师列举的几个问题,通过这些问题的思考和探讨,加深对"利用查询功能完成数据的统计"的理解。翁锦琳老师在整个过程中起到引导作用,并对容易出错的细节加以解释与说明。而对于接下来的两个实战任务,进一步放开,让学生通过自主探究与合作交流完成,并通过翁锦琳老师平台的测评功能验证并抽取部分作品进行点评,对容易出错的地方加以讲解。整节课是架设在信息技术辅助教学平台 IT-tools 中,这样不仅能够提高课堂效率,而且能够实现操作题的评价。

而在今天整个上课过程中,翁锦琳老师导入部分及第一个任务是挺顺利的,大多数学生根据教学平台中的学案,基本能完成任务。对于第一个探究任务所提到的两个问题:关于"计数功能"和"多表查询需建立关系",学生也能够理解。接下来第二个任务,就有点不那么顺利了。首先,第二个任务题目相对难理解一些,翁锦琳老师首先有对题目做了一些解释,然后引导学生分析并提取关键词,从而找出字段、表及相关操作,然后让学生对照学案中的分析结果及截图去完成任务。而这个过程，很多学生还是没能掌握得很好。一个是对于题目的分析方法学生没能掌握很好，尽管也有许多学生完成任务，但很多是对照着翁锦琳老师学案中的截图去完成的，而且还花了许多时间。加上对探究二的两个问题的解释，当这个任务完成后，只剩下 10 多分钟时间。于是翁锦琳老师把"实战"部分做这样处理：实战一必须完成，实战二可以选做，而拓展部分可以由能力较强同学完成，分3 个层次。

基于探究任务二的经验，学生在完成实战一时，在翁锦琳老师的引导下，能够根据问题分析出字段、表及相关操作，许多学生也完成了实战一的操作。但也有部分学生并没有去分析，而是直接对照着翁锦琳老师给定的参考答案完成。然后主要是时间问题。从提交上来的学生情况来看，做出实战二的同学并不多。说明这节课学生基本掌握了使用查询完成数据统计的方法，但是不够熟练，完成速度较慢。另外，对于问题的分析，需要翁锦琳老师引导。如果在实战中没有给出分析，可能许多学生还是无法完成。当然本节课，教学平台还是起到了比较大的作用，特别对于操作题的评价功能，让教师和学生都能了解学习情况。

总体来说，翁锦琳老师在本节课基本完成了教学目标。结合本节课实际教学情况，笔者认为翁锦琳老师需要做好 3 个改进：第一，做好课前预习任务，这样学生在探究过程中就能够很好地了解本节知识点，对于两个探究任务的完成能够缩短时间。第二，合理安排时间。简短安排探究任务二的时间，或者探究任务二只做分析，学生在教师引导下分析出相关字段、表及所需进行的操作，然后直接由教师演示，并讨论相关问题，从而留下更多的时间给学生完成两个实战任务。第三，充分利用教学辅助平台。教学辅助平台对于目前的信息技术课堂还是比较实用的，本节课只是利用了它的页面推送、操作题测评功能，像学情观察、小组学习、互助等功能其实也可以用到本节课上。

（三）对宁德民中陈小辉老师"3.3 数据的统计和报表输出"观课反思

这节课陈小辉老师基本上达成了教学目标，能按照教学目标、教学重难点开展教学活动，在教学过程中学生能掌握数据统计的操作方法，较好地灵活应用数据统计解决常见的数据处理问题，达到了预先设计的目的，学生课堂反馈情况良好。在课堂教学中临时应变措施得当，如学生打开数据库,有的版本中在合计功能键上的命名是不统一的(有的图例显示统计,有的显示合计等),有的是用中文表述,有的是英文版的。陈小辉老师必须及时引导学生观察操作界面,阅读课本中中英文对照说明。例如,对学生合计功能计算后出现不同的答案,指导学生观察"参赛学校表""参赛选手表""参赛作品表"之间是否存在"关联",提醒学生"学校名称"字段可以来自不同的表,在添加"学校名称"时应该从哪个表添加? 采用不同表的添加结果,数据的统计会出现什么情况? 为什么会出现这种情况? 这些都在一定程度上解决了课堂突发问题。在授课层次上,教案与引导条理性相对清晰,能以分层递进的方式进行,学生在探究中习得知识。

陈小辉老师能利用网络多媒体教室,用任务驱动为主的教学法,还要鼓励学生大胆实践,积极探究更多的解决办法;应引导学生对任务的目标、解决问题的思路进行分析,对系统的功能及使用方法进行归纳总结,提高对问题的分析及系统功能的评价能力,而不仅仅是懂得操作。陈小辉老师教学过程的不足,与其他"同课异构"的教师比,其他各位老师都拿出了自己的平台进行教学,而陈小辉老师没有。基于平台授课的特点是技术强、容量大、知识点多、扩展丰富,像这种备课量不亚于一场赛课。而陈小辉老师呢? 重点侧重于学生自主学、思、讲、练相结合,重在解决学生课堂实际问题。利用平台导入自己学、思、导、练相结合的课程有利于学生课内、课外、线上、线下的延续学习。感觉陈小辉老师整个课堂讲得太多,在小组合作探讨中的不足有待改进,在课堂时间上的掌控有待加强等。总之,陈小辉老师在后期的教学中正确分析了课程目标与实施步骤的问题的需求,并解决课堂问题。同时注重培养学生自主学习,有条理思考的习惯及应用意识,体验与同伴的合作探究、创新意识。

(四)对霞浦一中郑玉燕老师"3.3 数据的统计和报表输出"观课反思

霞浦一中郑玉燕老师上的课"3.3 数据的统计和报表输出"选自广东省教育出版社出版的高中信息技术《数据管理技术》(选修 4)的内容,这节内容分两节课来上,这节课主要介绍数据统计的应用。本课是前一节课"数据的查询"的延伸与深化。高一学生思维活跃,求知欲旺盛,在已经掌握了创建查询方法的基础上,可以深入学习数据库统计,但是学生在基础知识、技术水平和认知能力方面还是存在个体差异。课程主要是基于超星尔雅平台,采用了自主学习法、演示法、任务驱动法等。采用复习回顾的方式引入课题,让学生完成 3 道与"查询"相关的题目,因为统计是通过"合计"功能来实现的,在查询界面下才能打开设计视图,所以郑玉燕老师让学生对查询的具体流程有个回顾,能够更好地为本节学习做准备。学生借助郑玉燕老师提供的超星尔雅平台和任务系统资源,根据平台上设置的一系列引导问题,自主分析问题,探究解决办法,以任务驱动、问题解决为主线,让学生在完成任务的过程中掌握数据统计的基本过程和方法,并能应用解决新的问题。同时注重任务的渐进性、层次性,递阶搭建学习支架,通过超星平台上设置的自测习题和操作题练习系统,适时对学生练习过程中的操作错误及时给予纠正和指导,对完成情况及时给予评价反馈。请部分完成较好的学生到讲台演示,特别是教学过程中发现问题的学生并得到纠正的学生,不仅可以集中讲解重难点及学生错误集中的知识点,还可以激励学生动手实践。

在整个教学过程中,笔者认为郑玉燕老师现有 3 个方面做得很好:第一,整个教学脉络清晰,通过设置一系列的自测题,引导学生自主学习,完成任务,通过自评发现自己的问题。整个课程的内容呈现循序渐进,学生可以根据自己的学习进度进行安排,实现分层教学,可以让已完成的学生自主进入下一模块的任务,学生自主参与度高,教师不用一味地示范讲解,可以到学生中去,发现问题并给予指导,对问题较为明显的学生进行个别辅导,再请订正好的学生上台进行示范,有助于增强学生的自信心,也可以进一步强调易错点。第二,课上学生课堂参与度好,师生间互动有序,课堂活动气氛融洽。通过超星平台设置一系列任务与自测练习,让学生自主学习,培养了学生的自主探究精神,提高了学生学习信息技术的能力和自信心。第三,让学生借助超星平台自测习题与操作题练习系统,适时对学生练习过程中的操作错误及时给予纠正和指导,对完成情况及时给予评价反馈,提高了课堂效率。

郑玉燕老师的不足之处有:时间没有把握好,在复习回顾与任务一上耽误的时间太多,任务二作为重要知识点,因时间不足没有进行深入分析。由于时间没有做好安排,学生练习得多,郑玉燕老师讲得少,学生练习反馈情况没有时间及时进行统计与反馈。针对存在的这些问题,笔者觉得郑玉燕老师可以相应地从两个方面改进:一是在复习导入部分做个取舍,把第二道查询的具体练习题舍掉,教师做个简单的知识回顾,让学生回忆起来;二是在具体分析统计的字段、字段名和表格时,第一个任务处使用了选择题与填空题的方式,让学生学会去分析具体任务,在第二个任务时可以将这个分析过程舍掉,因为大部分学生被困在第二题的 3 道填空题中,这部分可以让学生直接进行具体操作,在操作中具体分析与巩固,郑玉燕老师可以对这部分知识进一步分析,总结重难点。

二、南通跟岗实践教育故事

第一天(2016 年 11 月 28 日星期一)上午:在江苏省南通中学国际部教学楼会议室,南通中学副校长陈建云做了"构建学校教学文化的路径"专题讲座,后观看校史纪录片。张謇立"诚恒"校训,蔡元培题词"积健为雄",江泽民题词"百年通中,英才辈出",印象尤其深刻。江苏省南通中学是由清末状元、实业家和教育家张謇先生于 1909 年亲手创办,是南通第一所推行新式教学的中学堂,是江苏省首批省属重点中学之一。教师中有 18 名特级教师,8 名教授级中学高级教师,100 余名中学高级教师。还观看了南通中学的升旗仪式。和跟岗实践导师葛勇兵见面,商讨教学教研之事。导师葛勇兵简介:男,1974 年 5 月生,江苏南通人,苏州大学数学毕业,中共党员,现代教育技术专业教育硕士,高级程序员,中国数学奥林匹克一级教练员,2009 年南通市现代教育技术工作先进个人,2010 南通市文明教工。下午:参观了江苏省南通中学校史展览馆:首任校长孙宝书,2008 年 5 月 11 日江泽民视察南通中学,这里已走出了 21 位院士。参观了江苏省南通中学的龙爪园:老校门遗存,石门枋构件与石狮子,江上青烈士曾在金丝楸树下进行入团宣誓仪式,碧池、绿萍、小亭、曲廊、玉石,别有一番幽静。参观了江苏省南通中学空军青少年航空学校,实地察看了少年空军航空班的教室、宿舍。2015 年 3 月,教育部发出通知,确定江苏省南通中学等 16 所省级示范高中为空军首批青少年航空学校承办中学。

第二天(2016 年 11 月 29 日星期二)上午:在葛勇兵导师带领下,在南通中学躬行楼六层参观了信息技术教研室、计算机教室、网络中心,阅览了《南通中学无线校园网建设方案》《IT 运维管理建设方案》《实名制上网安全保障体系》《数字化校园整体规划架构》文件。下午:第三节,在南通中学躬行楼六层计算机四室,听了南通中学葛勇兵的课,第四章第二节"表格信息的加工",信息技术基础必修、教育科学出版社 2004 年 6 月第一版,班级高一下班,效果良好,深受启发。

第三天(2016 年 11 月 30 日星期三)上午:第三节,在南通中学躬行楼六层计算机四室听了陆雪梅老师的课,《江苏省普通高中信息技术学业水平考试》操作方法，讲解细致，条理清楚。下午：在南通中学躬行楼六层多媒体教室，一起研究了南通中学机器人 VEX。VEX 机器人大赛又称 VEX 机器人世界锦标赛，是一项旨在通过推广教育型机器人，拓展中学生和大学生对科学、技术、工程和数学领域的兴趣，提高并促进青少年的团队合作精神、领导才能和解决问题能力的世界级大赛。

第四天（2016 年 12 月 1 日星期四）上午：第三节，笔者在南通中学躬行楼六层计算机四室上了一节公开课，课题为"4.2 表格信息的加工"（第一课时：表格数据的处理），教育科学出版社 2004 年 6 月第 1 版的《信息技术基础》（必修），班级是江苏省南通中学高一 3 班，听课老师有江苏省南通中学葛勇兵导师、南通中学技术组全体教师。下午：第四节，在南通中学躬行楼六层计算机四室，听了江苏省南通中学葛勇兵的计算机兴趣小组、竞赛辅导课。葛老师上课用的软件为面向南通中学信息学爱好者的在线程序设计评判、比赛及论坛系统。

第五天（2016 年 12 月 2 日星期五）上午：第三节，在南通中学躬行楼六层计算机四室再次听了陆雪梅老师的课，《江苏省普通高中信息技术学业水平考试》操作方法，讲解细致，条理清楚，并与陆雪梅老师互相交流。下午：与江苏省南通中学信息技术教师葛勇兵老师再次探讨了 VEX 机器人工程挑战赛事。葛勇兵老师介绍：比赛分手动和自动两种机器人比赛；互动性强，对抗激烈，惊险刺激，突出机械结构、传动系统的功能设计，是创意设计和对抗性比赛的最佳结合。

第四章

信息技术教育教学展望

第一节　信息技术教育教学环境优化

信息技术教育教学环境随着社会发展而深化、扩展、转型,并产生优化问题。

人类社会的发展经历了多次信息技术革命,从语言、文字、印刷术、无线电、电视机到互联网,目前正面对着新的信息技术革命,即智能互联网,以人工智能、大数据、云计算、物联网、虚拟现实等为代表的智能技术正在推动整个社会转型,人类社会将迎来人机协同、跨界融合、共创分享为特征的智能时代。信息技术教育教学环境是什么? 优化什么? 怎么优化?

一、环境优化背景

(一)新课程改革背景

2020年秋季学期起,福建省普通高中起始年级全面实施《普通高中课程方案(2017年版2020年修订)》和配套课程标准,使用新教材,到2022年实现高中所有年级全覆盖。说明新高一年级全面进入四新模式:新课程方案、新课程标准、新教材、新高考。依据新方案、新课标、新教材,坚持以习近平新时代中国特色社会主义思想为指导,深入贯彻党的十九大精神,按照全国、全省教育大会部署,全面贯彻党的教育方针,落实立德树人根本任务,牢固树立科学的教育理念,培育和践行社会主义核心价值观,厚植理想信念、爱国情怀和责任担当,坚持"五育"并举,发展素质教育,改革育人方式,创新教育评价制度机制,促进课程、教材、考试、评价、招生等有机衔接,形成多样化有特色的普通高中办学格局,着力提高普通高中质量,培养德智体美劳全面发展的社会主义建设者和接班人。

目标任务:育人为本。育人为本凸显了学生学习发展主体地位,切实提升育人水平,努力培养德智体美劳全面发展的社会主义建设者和接班人。育人为本是全面落实新课程要求,遵循教育规律和学生成长规律,围绕立德树人根本任务,坚持五育并举,把科学的质量观落实到教育教学全过程,打牢学生成长的共同基础,满足学生不同学习需要,进一步提升学生综合素质,着力发展学生核心素养,使学生成为有知识、有素养、有担当的时代新人。围绕普通高中培养目标,通过深化课程教学改革和育人方式变革,完善德智体美劳全面培养的教育体系,健全立德树人落实机制,努力构建具有福建特色、顺应新时代发展要求、体现国际发展趋势、充满活力的课程体系和评价制度,着力发展学生核心素养,全面提升学生思辨能力和综合素质,促进学生全面而有个性的发展,形成自尊自信自爱、坚韧乐观、奋发向上的心理品质,使学生成为德智体美劳全面发展的人,为适应社会生活、高等教育和职业发展做准备,为学生终身发展奠定基础。

(二)信息技术应用能力提升背景

根据教育部关于实施全国中小学教师信息技术应用能力提升工程2.0,信息技术应用能力是新时代高素质教师的核心素养。2013年以来,通过实施全国中小学教师信息技术应用能力提升工程,教师应用信息技术改进教育教学的意识和能力普遍提高,大数据、人工智能等新技术变革对教师信息素养提出了新要求。信息技术教师更要主动学习"互联网＋"、大数据、人工智能,主动适应信息化、人工智能等新技术变革,积极有效开展教育教学,打造下一代数字学习环境,增强数字学习体验。在泛在数字化学习环境,每位学生配备一个电脑化装置,个人可携交互的多媒体无线通信能力的装置,人类的学习和阅读迈进无纸化时代。

信息技术课程目标任务:提升学生的信息素养。以学生发展为本,注重学生的全面发展,注重学生知识与能力、过程与方法、情感态度与价值观的三维目标的全面发展,注重学生的个性发展,重视学生的终身可持续发展。

二、环境优化内容与方法

(一)信息技术实验室优化

要分析教学内容的步骤方法,信息技术教育在常规教学的同时,要建立信息技术实验室,要做数据与计算实验、数据结构课程实验。信息技术实验室有物联网实验室、开源硬件实验室、电子电路实验室、无线网络组建实验室、三维创意设计实验室、信息系统设计实验室、移动应用设计实验室、数据管理与分析实验室、人工智能初步课程实验室。信息技术实验室搭建 Python 教学环境。目前 Python 以 Python 3 的语法为基础,这个是趋势,最适合开展教学。信息技术实验教学类型有验证类、探究类、测量类、设计制作类、仪器使用类。通过项目范例引导学生学习,教师必须抓住重点理顺思路,有序地展开教学活动。

(二)教师优化

重视以学科大概念(数据、算法、信息系统和信息社会)为中心,使课程内容结构化;以主题为引领,使课程内容情境化,促进学校核心素养的落实。

教师应该走下"讲堂",走到学生中间与学生一起探讨交流,在开放的课堂教学中很多情况是无法预料的,这就要求我们不断加强学习、不断研究课堂调控能力,加强对新课程改革理论的学习。随着社会的变化发展,教育改革势在必行,我们只有发展现代教育技术,才能与新教育思想理念同步进行,才能促进新课程改革顺利进行。要关注全体学生,通过对新课程的学习教育,提高学生的信息素养,不让一个学生掉队。学生之间存在个别差异,通过课程内容的项目式学习拓展挖掘学生潜力,实现学生个性化发展,在达到课程标准的前提下,因地制宜建设有特色的信息技术课程。

(1)要实现从提升信息技术应用能力向提升师生信息素养转变。较之信息技术应用能力,信息素养具有更为广泛和深刻的内涵。提升信息技术应用能力是技术性的措施,提升师生的信息素养则更具有根本性,就是要做到师生不仅仅会使用所需要的信息技术,同时或者更为重要的是,师生要具有信息化社会的思维方式和行动方法。

(2)要实现教育信息化从融合应用向创新发展转变。当前研究和实践比较多的是信息化如何与教学深度融合，让信息化教学成为常态。在此基础上，要实现信息化应用从量变到质变的转变，进行信息化时代教学、服务的思路创新与方法创新。探索信息化时代的信息技术教育从理论到方法有不同于以往之处。

（三）学生优化

每一个学生能够使用信息技术工具，不仅是在校学生，而且社会上的每一个学习者，只要他们愿意，都可以在互联网上找到适合自己需要的学习资源和学习服务，真正实现人人能学、随时随地可学的愿景，满足个性化学习的需求。学生能搜索并利用开源硬件及相关资料，体验作品的创意、设计、制作、测试、运行的完整过程，初步形成以信息技术学科方法观察事物和求解问题的能力，提升计算思维与创新能力。个体通过评估并选用常见的数字化资源与工具，有效地管理学习过程与学习资源，创造性地解决问题，从而完成学习任务，形成创新作品的能力。利用数字化资源与工具，创造性地解决问题或创作出有个性的数字化作品。

（四）课堂优化

借助数字化学习环境，引导学生体验数字化学习与创新活动，通过整合其他学科的学习任务，帮助学生学会运用数字化工具（如移动终端、开源硬件、网络学习平台、编程软件、应用软件等）表达思想、建构知识。课堂活动过程的设计主要从情境导入、需求分析、创意构思、动手制作、交流展示、反思改进6个流程入手，实施中要注意"学生活动、教师指导、活动评价"3个要素。课堂信息化演变过程是传统教室→多媒体教室→未来教室。

第二节　信息技术教育教学内容变革

课程教学内容变革，创新助力核心素养落地实践。教学内容变革影响教学设计的变革。教学设计要求教师认真分析教材，合理选择、组织并合理安排教学内容，再用书面表达或用媒体呈现的过程。教学内容集中体现在教科书中，由于教科书的编排和编写要受到书面形式等因素的限制，尤其是信息技术教材,它所呈现的知识内容和知识结构必须经过教师的再选择、再组织、再加工,才能切合教学的实际需要,并最终有效地内化为学生掌握的知识。因此,教师必须重视教学内容的设计,只有对教学内容进行认真的设计,才能达到预期的教学效果。

一、教学内容变革与新课改

深入研究新课标。自教育部印发《关于全面深化课程改革 落实立德树人根本任务的意见》首次提出"核心素养体系"以来,"核心素养"成为教育界的一个热词。随后公布的《普通高中各学科核心素养》提出了信息技术学科要培育"信息意识、计算思维、数字化学习与创新、信息社会责任"四大核心素养。其中,信息意识虽然需要学生的自觉涵养,但它不是学生自发形成的,更需要教师在信息技术课的教学过程中有目的、有计划地培育。新课标以数据为核心,围绕数据、数据处理、数据应用和项目探究,通过提供丰富资源,帮助学生掌握概念,了解原理,认识价值,学会分析问题,形成多元理解能力,并能利用数字化环境进行学习和创新,是一种新型的学习方式。

课程标准的调整,不仅使课程设置更具科学性、实用性和合理性,而且兼顾了学生的个性发展与升学需要,凸显学科核心素养,满足数字化时代对创新性人才培养的需求,是具有一定前瞻性和开拓性的调整,必将对今后信息技术教学及应用产生深远影响。新的考试方案将探索普通高等院校基于统一高考和高中学业水平考试成绩、参考综合素质评价的多元录取机制。高中学业水平考试分为合格性考试和等级性考试两种。随着高中课程改革的推进及教育测评理论的发展,提出"价值引领、素养导向、能力为重、知识为基"的评价新理念作为有机整体,"四层"考查内容之间有着清晰的内在逻辑关系,"四层"指核心价值、学科素养、关键能力、必备知识。

核心价值是学科素养、关键能力、必备知识考查中体现出的正确方向、正确价值观、正确方法论、健康的情感态度。学科素养反映核心价值,是在复杂情境中对必备知识和关键能力的综合运用。关键能力是以必备知识的学习探究为载体,表现为对必备知识的运用,是形成学科素养的必要前提。必备知识的积累是形成关键能力和学科素养的基础,在对关键能力和学科素养进行考查时,必然涉及对必备知识的考查。加强对学习认知和学习行为规律的研究,因材施教,开展学情分析,准确评估教学和学习效果,变单一评价为综合性多维度评价,改变现在的过程评价太少的问题。教学新模式由仅注重知识传授向更加注重能力素质培养转变。

二、教学内容变革与新教材

认真阅读教材,规划课程进度,明确培养学科核心素养的方法、内容要求、教学准备、主要的实践活动等。教材是教学内容的重要素材,有利于从中观上掌握学科的概念层级,有利于从宏观上掌握高中信息技术课程的教学内容,以单课或项目为单位,精读课本教材、教师教学参考,有利于透彻地分析、利用教材,从而提升教学设计的质量,使教学内容既基于教材又不局限于教材。整体梳理高中各模块的主要教学内容,共 3 类课程、10 个模块、30 个部分、75 个内容要求。新课标由必修、选择性必修和选修 3 类课程共 10 个模块组成。其中,必修模块为"数据与计算"和"信息系统与社会",共 3 学分 54 课时,并以此作为学科学业水平合格性考试依据。新增 6 个选择性必修课程模块,每个模块 2 学分,作为必修课程的拓展与加深。学生可在修满必修学分的基础上,根据能力和发展需要选学相关模块。其中,数据与数据结构、网络基础、数据管理与分析作为学科学业水平等级性考试的依据。

三、教学内容变革与新项目

整理各个教材版本的项目,明确培养的是哪些学科核心素养、对应的是什么内容要求、教学准备、教学目标、教学重难点、项目的主题、项目的驱动型问题、项目的规划与评价、主要的实践活动、项目的作品等。有利于根据具体学情适当扩大项目的选择范围。重构后的普通高中信息技术课程,将项目学习整合于课堂教学,项目学习覆盖全教材,教材甚至可以理解成各个项目学习的资源、平台、规划。所以,整理各版本教材中的项目,人工智能初步、三维设计与创意、开源硬件项目设计 3 个模块作为综合素质评价的内容,以便更好满足学生升学和个性化发展的需要。选修课程包括算法初步和移动应用设计 2 个模块,为满足学生的兴趣爱好、学业发展、职业选择而开设,并列入学生综合素质评价的内容。如由任友群、黄荣怀主编的课标解读中有 12 个教学设计案例,分别是"城市映像——文本数据的可视化表达""智能地图项目活动""感知 ASCII 编码""数据加密与安全""数组""过把网管瘾——常见网络故障排查""复杂网络数据分析""语音识别技术在生活中的应用""便于清洁的多功能创意窗的设计""智慧家庭主题项目活动""回溯算法""App 设计初体验"。

四、教学内容变革与新技术

信息技术的发展日新月异,基于项目学习的教学设计中,要了解教材、教学参考书的基本结构、基本活动,全面领会教材的编写意图,熟记知识结构图、概念层级。体会教学内容体现信息技术的最新发展,引导学生了解信息技术的最新发展成果对生活、学习的影响,以激发学生数字化创新实践的动机,培养学生对信息技术发展的适应能力。同时,又要采取多种措施,确保教学内容的准确性,对一些最新的信息技术及其应用,要保证资料来源的权威性并进行多方论证。信息技术已经广泛应用到生产、生活的方方面面。学生要掌握信息技术的相关知识和技能,不能只是记住相关知识点和操作点,更要掌握已经被软件化或工具化的信息技术,理解隐藏在软件背后的数据加工方法与处理原理。教育部在给全国政协委员的答复函中称,教育部高度重视学生信息素养提升,已制定相关专门文件推动和规范编程教育发展,培养培训能够实施编程教育相关师资,将包括编程教育在内的信息技术内容纳入中小学相关课程,帮助学生掌握信息技术基础知识与技能、增强信息意识、发展计算思维、提高数字化学习与创新能力、树立正确的信息社会价值观和责任感。

第三节 信息技术教育教学模式创新

今天的人类社会是一个"互联网＋"的时代,是一个终身学习的社会。为了实现普通高中信息技术课程目标,信息技术教育教学模式随时代变化而创新。

一、模式创新与课程目标

《普通高中信息技术课程标准(2017 年版)》阐述了与新时代相符的课程目标，重构了普通高中信息技术课程内容，设计了面向学科核心素养的信息技术课程架构，更是强调把项目学习整合于课堂，基于项目学习的信息技术教学设计作为实现课程目标的关键环节被需要，是实现课程目标的需要。

"教学"是以引导、促进、帮助学习者进行知识学习的活动，活动的结果是学生获得知识与技能的同时，身心得到健康发展。教师的教与学生的学是这个活动中相辅相成的两个方面，彼此依存、有机结合、辩证统一。教起的是主导作用，主导着活动的方向与性质；学处于主体地位，是活动的主人；学生在教师有计划的指导下，获得有效的学习。教学设计虽有一套可供遵循的一般程序，但在具体的设计过程中，由于设计者依据的理论出发点不同，面临的教学任务、教学情境各异，因而采取的设计方法和步骤就会有一定差异，这种差异进而促使了许多教学设计模式的产生。

新课程视野下的信息技术教育思考提出了为信息社会塑造合格公民、为信息科技培养基础人才的学科使命。现今的高中学生可以称为伴随数字化工具应用成长起来的"数字土著"一代，他们天生具备信息技术应用和工具操作的优势。

信息技术、信息技术教程、信息技术教师这三者的区别与联系一直伴随着笔者，感觉信息技术教师任重道远。身居二重身份，第一个身份，在新一轮课程改革中，要积极投入课程改革实践中，不断探索教学方式。第二个身份，在教育信息化不断整体推进中，自己不断学习信息技术，如新媒体新技术、人工智能、虚拟技术和全景技术。

二、模式创新与技术育人

课程改革提出了很多新的课堂理念，在这些理念的指导下，构建新型课堂教学模式也就成了信息技术教师的实践及追求目标。要围绕课程目标的落实，转变过去信息技术教学偏重"知识型"和"技能型"内容学习的做法，聚焦学生对学科大概念的掌握，加强对学生学科核心素养的培养和评价，提高学生参与信息社会的责任感与行为能力，切实培养具备较高信息素养的中国公民。充分认识教学模式在人才培养中的重要作用,并将这一根本任务贯穿始终、落到实处。要结合学科特点,谨慎选择、组织教材内容,精心设计活动,引导学生感受在信息技术领域的重大科技创新成果,培养学生对信息技术学科的浓厚兴趣和维护国家及个人信息安全的社会责任感,激发学生开展创新实践的兴趣,帮助学生树立正确的思想观念和高尚的道德情操,形成正确的世界观、人生观、价值观,努力做到全程育人、全方位育人。

信息技术学科是以培养学生实践能力、创新能力为主的学科。信息技术教学模式应在实际教学活动实施过程中注重基本原理的科学性,以及教学活动实践体验活动的可操作性、选择性和适宜性。此外,还要帮助学生树立信息社会发展要以人为本、具有包容性、能可持续发展等先进思想观念。只有这样,才能助力学生透过信息技术的应用表面,深刻理解其应用机理。同时要对信息技术、课程改革、教学模式、学生进行跟踪了解,认真学习和深入研究,深刻领会信息技术核心素养与课程标准的基本内涵。

三、模式创新与导演项目式教学设计

(一)教学设计元素

教学设计元素具体包括:学科核心素养、课程标准内容要求、学业要求、教学内容分析、学情分析、教学重难点、教学策略与方法、评价设计、教学准备。

下面以广东教育出版社出版的《数据与计算》第一章第一节:数据及其特征为例做一说明。

1.体现学科核心素养

信息意识:在日常生活中,按照一定需求主动获取信息;能够区分载体和信息。数字化学习与创新:能够适应数字化学习环境、掌握数字化学习工具的操作技能。

2.体现学业要求

掌握数字化学习的方法,根据需要选用合适的数字化工具开展学习(数字化学习与创新)。

3.教学内容分析

对应内容为广东教育出版社的教材《数据与计算》"1.1 数据及其特

征"，本节课项目的基础知识为以后继续学习做铺垫。数据从原始形式演变到计算机能处理的各种形式，结合现代数据的具体应用案例，引出数据给生活带来的巨大转变。

4.学情分析

心理特点：高一学生心态阳光，求知欲强，喜欢挑战，有思辨能力，责任感较强。知识基础：虽然对数据一词有所耳闻，但不准确，更不专业，不能明确载体的含义。技能基础：在其他学科中用纸笔画过思维导图，但没用过数字化学习思维导图工具 FreeMind。个体差异化：信息技术在生活中被广泛应用，成就了个别学生的技术能力、个体差异强烈。感受计算机处理数据的便利，激发用计算机解决学习问题的兴趣（数字化学习与创新）。

5.教学重难点

重点：描述生活中各种形式的数据；区分载体和信息。难点：了解数据的演变，体会数据给学习生活带来的改变。

6.教学策略与方法

教学策略与方法：基于导演项目学习，针对项目驱动问题，引导学生充分感知数据随技术的发展，形式、载体不断变化，从而认识到数据的内涵发生变化。

7.教学目标

通过感知具体事例，能描述生活中的各种数据，了解数据的普遍性（信息意识）；结合数据在学习、生活、工作中的具体应用，了解数据的演变及对社会的作用（信息意识）；通过使用数字化工具制作思维导图，体验数字化数据在学习中的广泛应用。

8.评价设计

学生在项目自主学习活动环节后，评价自主学习情况。在分工合作实践环节结束后，评价分工合作学习情况。在项目作品提交后，分别由学生本人、同学、教师填写"项目作品评价量表"。

9.教学准备

多媒体网络机房，每台机器都安装 FreeMind、XMind 思维导图制作软件。

(二)教学设计环节

1.创设情境，提出项目驱动性问题

【活动 1】设计意图：作为课程的第一节课，在了解学科的整体研究方向和内容的基础上,理解信息技术学科的意义,增强学生学习的动力和本门课程的吸引力。

教师:请看新课标背景下信息技术课程结构。

学生:观看高中信息技术课程结构。

教师:为什么第一个模块叫"数据与计算"?

学生:思考问题,小声议论,数据有价值。

教师:因为现在信息技术以数据为核心发展,人们在生活工作中处处产生数据、应用数据,数据带给人们生活极大改变。

学生:计算机能处理数据。

【活动2】设计意图:通过问题导入,引出数据并非信息时代的产物,很早就存在,并不断在演变发展,铺垫新课。

教师:数据的前世今生中有哪些形式呢? 请各自快速阅读教材内容:数据及其演变,思考如下问题。

学生:阅读教材。

【活动3】设计意图:评价先行,以评促学。

教师:发放"项目作品评价量表"。

学生:查看"项目作品评价量表"。

2.自主学习思考问题

设计意图:支持自主学习,同时控制节奏,推动项目进行。

教师:用幻灯片展示如下问题:远古时代人们生活中的数据形式有哪些呢? 远古时代,数据附载在什么上? 随着技术的发展、时代的变迁,数据形式又有哪些发展呢? 这些数据附载在什么上? 怎么理解载体?

学生:观看幻灯片、阅读教材、思考问题。

3.师生交流互动

【活动1】设计意图:落实培养学生"在日常生活中,按照一定需求主动获取信息,能够区分载体和信息"(信息意识)。

教师:远古时代人们生活中的数据形式有哪些呢?

学生:远古墙壁数据、结绳记事/记数、楔形文字数据。

教师:远古时代,数据附载在什么上?

学生:记在绳子上、墙壁上、泥板上。

教师:随着技术的发展、时代的变迁,数据形式又有哪些发展呢?

学生:文字数据、图像数据、声音数据。

教师:这些数据附载在什么上?

学生：附载在纸张上、胶片上、唱片上。

【活动2】设计意图：通过归纳载体的概念，提升总结能力。

教师：怎么理解载体？

学生：文本、结绳、图画、影像、声音。

教师：播放幻灯片。

学生：观看幻灯片。

教师：怎么理解载体？

学生：载体是指能附载、承载、运载其他物质的物体。

4.组内交流体验探究

【活动1】设计意图：认识数据在生活中的应用，体验生活中传统数据与数字化数据的区别，交流总结不同的感受，引导数字化数据给生活带来的便利，分析计算机处理的数字化数据的优势。

教师：组内交流，用幻灯片展示填写表格。

学生：交流讨论表单中的问题。

【活动2】设计意图：分析计算机处理的数字化数据的优势。

教师：在线购物是"互联网＋"传统购物行业发展而成的新型社会形态，那么网络交流是互联网＋什么呢？

学生："互联网＋购物"。

教师：共享单车呢？

学生："互联网＋交通"。

教师：还有吗？

学生："互联网＋教育""互联网＋农业""互联网＋金融"……

5.学习脑图制作方法

【活动1】设计意图：落实培养学生"能利用简单的数字化工具，完成作品的设计与创作"（数字化学习与创新）。

教师：使用脑图软件展示知识结构图。利用剩余时间，视频学习脑图使用方法，4～5个人一组，根据自己的理解绘制本节课内容框架结构图。

学生：观察知识结构图。

【活动2】设计意图：引导学生先从技术层面上掌握脑图工具的使用，为完成项目做铺垫。

教师：发放脑图使用方法学习视频。视频内容包括演示新建、插入新的子节点、插入新的平衡节点、在格式中更改节点颜色、更改背景颜色、删除节点。

学生：观看视频，学习脑图使用，提炼节点关键词，如数据、演变、生活、利用、科学等。

6.实施项目

【活动1】设计意图：突破难点，深入研究数据，在应用数字化学习工具的过程中，深刻体会数据给学习带来的改变。

教师：指导学生实践制作。

学生：用思维导图的线段连接数据、演变、生活、科学、载体、形式及实例，并加以说明关系。组内交流合作绘制本节课内容框架结构图。

【活动2】设计意图：项目阶段性练习作品收集。

教师：写上班级姓名，把作品通过云课堂传到教师端。

学生：上传项目阶段性实践练习作品。

7.展示、评价

设计意图：向全班展示项目阶段性实践练习作品，公正公开自评、互评、教评，提高脑图应用质量。

8.测试：设计课堂小测，当堂检测

设计意图：使用测试评价，分析学生习得的信息意识素养水平。利用教学平台，测试学生基础知识，对所学的知识掌握情况，但测试内容不宜太多，否则学生认为又回到学习知识了，导致不重视能力培养，不重视信息素养的培养。

第四节　信息技术教育教学研究发展

新课标提倡以项目探究和学生活动为导向，通过项目引言让学生了解探究项目的内容和要求，引导学生带着问题去思考和探究；通过列举与探究项目相关的活动，引导学生对知识进行总结和迁移；通过布置面向真实情境的相关任务，鼓励学生综合运用所学知识和技能，利用数字化环境解决问题，养成独立思考的习惯。

一、教育科学研究

(一)教育科学研究概述

1.教育
教育是培养人的一种社会活动。

2.科学
科学是某种知识体系，是通过逻辑性、实证性所反映的客观事物的关系和规律的、真理性的、系统化的知识体系。从广义上说，反映自然、社会和人类思维的客观规律的一切知识都属于科学。

3.研究
研究是人们探索事物真相、性质或规律，以便发现新的事物、获得新信息的活动。

4.科学研究
科学研究是人们的一种认识过程。它是人们有目的、有计划、有系统地采用科学的方法去认识自然现象和社会现象，探索客观真理，并能动地改造客观世界的过程；是探索真理、解决问题的创造性活动。科学研究的特点：客观性、创造性、探索性、控制性、持续性。

(二)教育科研的意义

教育科研是以教育科学理论为武器、以教育领域中发生的现象和问题为对象、以探索教育规律为目的的创造性的认识活动。简而言之，教育科研是运用教育理论去研究教育现象和教育问题，探索新的未知的教育规律及有效教育途径和方法，以解决新问题、新情况的一种科学实践活动。教育科研的范围非常广泛，它包括所有有关教育方面的宏观和微观的问题。教育科研的意义有4点：

(1)教育科学研究为深化教育改革提供科学依据和理论指导，并促进教育的发展。教育改革与教育科学研究相结合是现代学校教育发展的重要途径。教育改革的理论和依据就是要通过教育科学研究进行实验探讨，寻找规律指导教育改革和实践，促进教育的改革和发展。

(2)教育科学研究能探索教育规律，丰富和发展教育科学，为教育实践提供指导。人们对教育规律、特点的认识，离不开教育研究，教育科研成果的积累丰富和发展了教育科学。通过教育科学研究将实践经验和感性的认识上升为理性认识,总结出规律和理论反过来指导教育实践,再通过实践和教育研究进一步发展和丰富教育科学。

(3)教育科学研究能够丰富我国教育科学理论宝库,促进教育科学发展。教育科学研究促进了教育科学理论的形成和发展,丰富和发展了教育科学理论宝库,促进教育学科发展。

(4)教育科学研究促进教师素质和教育质量的提高。教师在教育实践中积累了丰富的实践经验,通过科研总结经验、探索规律,上升到理论的高度来认识教育现象和问题,促使教师学习理论,用理论指导教育科研。教师通过教学研究及教改实践,进一步把教育理论与教学实践有机地结合起来,在这个过程中提高了教师的教学水平和理论水平,促进了教师素质和教育质量的提高。

(三)教育科研具体路线和任务

1.教育的历史经验总结及教育现状调查研究

中外教育的历史遗产有许多经验,也有许多教训,需要我们借鉴。我们应当认真研究,取其精华,去其糟粕,择其善者而从之,使其为我国的教育现代化服务。从纵向来说,我们应总结历史经验;从横向来看,我们应了解当前我国教育的基本国情。为此,我们不但要总结教育的历史经验,同时要开展教育现状调查以便更好地掌握国情,为进一步开展教育改革打下基础。

2.当代教育中急待解决的问题研究

经过大量的教育调查,我们能更清醒地认识到我们应当解决哪些问题,而哪些问题又是当务之急。针对这些急待解决的教育问题深入地进行理论探讨和教改实验,把教育的基本理论与解决现实问题研究紧密结合起来,教育科学研究才能更好地为建设具有中国特色的社会主义教育体系贡献力量。

3.新课程改革及学科教学研究

开展新课程改革和学科教学研究是提高教学质量的关键环节,它涉及人才培养质量。

中学教学和课程的研究是中学教育科学研究的一个重要任务,包括教材研究、教学方法研究、课堂教学中学生的学习及如何实施素质教育的问题,将成功的实验研究系统化、标准化、理论化,在更大的范围内实施,逐步推广,以提高教育质量。

4.跨文化比较教育研究

我们应当研究国内外教育,比较不同文化背景下的教育有哪些共同规律和差异性,以便从我国的实际出发,借鉴外国的先进教育经验,促进我国的教育改革。

5.当代教育改革与发展研究

对当代教育的模式、发展趋势、教育需求进行预测和研究,对教育体制、教育规模、教育内容、教育方式、管理体制,以及教育与社会、经济、科技发展的关系等问题进行研究,使人们能看清发展方向,有助于对教育发展的宏观把握,制定科学的短期、中期和长期的教育发展规划和政策,指导中小学教育改革和发展。

(四)教科研与教师专业发展

教科研是教师自身高层次的研修。教科研的先决条件是教育思想的转变,知识、信息、理论的学习、积累、沉淀是教育科研的必备条件,而及时的总结、深化、内化、升华是其必然的归宿。只有这样,教育教学与科学研究才能相互渗透,相辅相成,才能以教带研,以研促教,教、学、研相长。提到搞教科研,当研究型、学者型、专家型教师,有人不免生疑:本人既无家学渊源,又无名师指点,整日忙得不可开交,谈何容易! 其实,无论学者型、科研型还是专家型教师,其本质依然是教师,并非固守书斋,孜孜于自成体系的所谓学问家。

中小学教师从事教科研,有着得天独厚的优势,首先是拥有来自第一线的实践经验。在教学过程中有研究不完的规律,这些规律都会由一些教学现象表露出来,教师如善于捕捉这些教学现象规律,对它进行思考,从中受到启迪,有所感悟,这就是研究源泉。思考之后自然就会产生出自己的看法、观点、见解,写成文章就是做学问。边教学,边研究,教学与研究相结合,久而久之就会形成自己的教学思想和风格。积累、沉淀、思考、总结、内化、升华就是从事教科研的有效方法。

二、教师的本体性知识、条件性知识、实践性知识

(一)教师的本体性知识

教师的本体性知识是教师所具有的特定的学科知识,包括信息技术基础、网络技术、多媒体技术、算法与程序设计、人工智能与机器人等。教师的本体性知识是教学活动的基础知识。在教学活动中,一切努力都是围绕着本体性知识有效传授的。教学的最终绩效是用学生掌握的本体性知识的质量来评价衡量的。

(二)教师的条件性知识

条件性知识是指教育学、心理学和教法等相关的教育心理方面的知识。苏霍姆林斯基曾说过,不掌握教育学、心理学知识,在教育工作中就会像在黑暗中走路一样。

教师只有懂得了教育规律,了解学生心理特点,运用科学的方法,才能有效地开展教育教学活动,增强其预见性和科学性,克服盲目性。

(三)教师实的践性知识

教师的实践性知识是指教师在面临实现有目的的行为中所具有的课堂情景知识以及与之相关的知识,具体地说,这种知识是教师教学经验的积累。它是教师真正信奉的,并在其教育教学实践中实际使用和表现出来的对教育教学的认识。教师的实践性知识就是从教学实践中获取到的知识。实践性知识是教师专业发展的知识基础。教师的实践性知识包括教师的教育信念,教师的自我知识(包括自我概念、自我评估、自我教学效能感、对自我调节的认识等),教师的人际知识(包括对学生的感知和了解,对学生群体动力的把握、班级管理惯例、体态语、教室的布置等),教师的情境知识(主要通过教师的教学机智反映出来),教师的策略性知识(主要指教师在教学活动中表现出来的对理论性知识的理解与把握)。

实践性知识的特征:首先,它虽然不如理论性知识显而易见,但在教师接受外界信息(包括理论性知识)时起过滤的作用。它不仅对教师所受到的理论性知识进行筛选,并在教师解释和运用此类知识时起重要的引导作用。其次,它具有强大的价值导向和行为规范功能,指导着教师的日常教

育教学行为。虽然大部分教师对自己所拥有的实践性知识缺乏明确的意识，但它实际上影响着教师对有关问题的看法和做法。最后，教育是一种特殊的实践活动，涉及很多因素，具有高度的丰富性、复杂性和情境性。

（四）三者之间的关系

教师的本体性知识就好比"给学生一杯水，教师自身要有一桶水"中的"水"，是教学的基础；条件性知识好比"怎么倒水"，怎样倒才能倒得更好、更准、更有效，是教学的方法和技术；实践性知识就是倒水过程中所积累起来的经验、具体的操作技巧等，是教学的能力和提升。

三、教学研究发展与专业素养

（一）教师专业发展新机遇

信息技术带来了教师职业状态的新变化，包括教学的环境、信息资源的形态与数量、教师的专业素养、教学的工具、工作与学习的方式、教师的角色等。

对提升教师的教学理念和方法、教学技能、师德水平、知识与能力、信息素养等有新的要求。信息技术在教师专业发展中的作用：为教师提供网络化学习和信息化教学的工具、实践与反思的利器和交流与协作的平台。教师应掌握信息时代基本教学工具（如信息检索、百度）、表达讲演、可视化分析软件（如概念图、思维导图）、教学评价（如电子档案袋）、人际交流（如微信）、反思与叙事（如博客）、基于网络的探究学习、网络学习社区和网络管理课程。

（二）教师专业发展新理念

教师专业发展理念有4个：第一，学生为本。尊重中学生权益，以中学生为主体，充分调动和发挥中学生的主动性；遵循中学生身心发展特点和教育教学规律，提供适合的教育，促进中学生生动活泼学习、健康快乐成长，全面而有个性的发展。第二，师德为先。热爱中学教育事业，具有职业理想，践行社会主义核心价值体系，履行教师职业道德规范；关爱中学生，尊重中学生人格，富有爱心、责任心、耐心和细心；为人师表，教书育人，自尊自律，以人格魅力和学识魅力教育感染中学生，做中学生健康成长的指导者和引路人。第三,能力为重。把学科知识、教育理论与教育实践相结合,突出教书育人实践能力;研究中学生,遵循中学生成长规律,提升教育教学专业化水平;坚持实践、反思、再实践、再反思,不断提高专业能力。第四,终身学习。学习先进中学教育理论,了解国内外中学教育改革与发展的经验和做法;优化知识结构,提高文化素养;具有终身学习与持续发展的意识和能力,做终身学习的典范。

(三)教师发展专业与新知识

第一,教育知识:掌握中学教育的基本原理和主要方法;掌握班集体建设与班级管理的策略与方法;了解中学生身心发展的一般规律与特点;了解中学生世界观、人生观、价值观形成的过程及其教育方法;了解中学生思维能力与创新能力发展的过程与特点;了解中学生群体文化特点与行为方式。第二,学科知识:理解所教学科的知识体系、基本思想与方法;掌握所教学科内容的基本知识、基本原理与技能;了解所教学科与其他学科的联系;了解所教学科与社会实践的联系。第三,学科教学知识:掌握所教学科课程标准;掌握所教学科课程资源开发的主要方法与策略;了解中学生在学习具体学科内容时的认知特点;掌握针对具体学科内容进行教学的方法与策略。第四,通识性知识:具有相应的自然科学和人文社会科学知识;了解中国教育基本情况;具有相应的艺术欣赏与表现知识;具有适应教育内容、教学手段和方法的现代化的信息技术知识;优化知识结构,定期开设有关条件性知识及实践性知识的讲座或论坛,组织各类相关知识的竞赛或演讲比赛,定期组织教师参加一些有益的相关性的社会实践,如寒暑假以自愿报名的形式由学校组织教师参加经济类的营业性活动等;多借鉴其他行业的知识,他山之石,可以攻玉。

四、教学研究发展与学科活动

(一)注意数字化环境下的学习与创新

如今,数字社会已然来临,人工智能、大数据、云计算等方兴未艾。数字化学习与创新是指充分运用数字化资源、数字化工具和数字化平台,开展自主学习与群体协作,并在不断进行创造创新的过程中所具备的基本技能和必备品格。数字化学习与创新是信息技术课程核心素养之一。一方面,教师要创设一个良好的数字化学习环境,提供丰富的课程资源,将现实空间和虚拟空间相结合,拓宽师生互动交流渠道,用"互联网＋"思维构建学生的可持续发展空间,另一方面,教师要了解各种数字化学习系统、学习资源和学习工具,鼓励学生利用数字化环境展开自主学习、交流分享与创新创造,有效地管理学习过程和学习资源,创造性地解决问题,完成学习任务。例如,教师可以利用在线网络学习平台进行自主学习;利用移动终端实现远程学习和翻转课堂;加入特定论坛社区或社交网络与其他人交流互动,构建学习共同体;使用思维导图对探究项目进行分析和发散思维;利用其他数字化技术为思维创新提供更广阔空间,如将开源硬件、三维打印、激光切割、数控机床等工具纳入创新活动中。

（二）重视计算思维能力的培养与训练

计算思维是课程核心素养的重要组成部分,具备计算思维的学生可以用计算机处理的方式建立结构模型,设计合理算法,从而形成问题的解决方案,解决现实生活中遇到的问题。Python是一种面向对象的解释性程序设计语言,也是一种适合初学者学习的计算机语言,广泛地应用于科学计算、数据处理、网站开发、网络编程、图形处理、人工智能等领域,是开源项目的优秀代表。课程以Python语言为编程工具,通过问题分析与算法设计,解决现实生活中遇到的相关问题,培养计算思维能力。"Python与人工智能"系列课程以应用Python语言进行人工智能项目编程实践为核心,内容涉及网络数据爬取、机器学习算法使用、语音识别系统设计、人脸识别系统设计,通过解决学科问题和生活中的实际问题,进行人工智能的底层探索和创造,进一步提升学生的计算思维。

编程教育绝不是培养码农,而是培养学生的思维能力和方式,并最终解决生活中的实际问题。学生一定有擅长和不擅长,但学习编程"等于给孩子一个窗口,去检验自己是否擅长"。自2017年7月国务院发布《新一代人工智能发展规划》明确要在中小学开设人工智能相关课程以来,教育部和各省市教育行政管理部门发布了一系列文件,推动"人工智能教育进校园"。

（三）利用三维设计培养学生的创客精神

三维设计作为一种立体化、形象化的新兴设计方法,已经成为新一代数字化、虚拟化、智能化设计平台的重要基础。三维设计方法的学习与应用,既有利于培养学生的空间想象能力,也有利于发展学生科学、技术、工程、人文艺术、数学等学科综合性的思维能力。为此,新的课程标准将三维设计列入选择性必修课中。创客是一种回归生活,指向"创造"的教育;是一种直面生存,表达智慧的综合教育。其教学过程遵循"创造"实践的规律,融合科学、技术、工程、艺术、数学(science,technology,engineering,art,mathematics,STEAM)教育理念,是在充满画笔、电线、3D 打印机等科技产品的创新实验室内开设融设计、创造、3D 打印为一体的"边学边做"课程。LogoUp 3D 是一款符合教育部《中小学综合实践活动课程指导纲要》及福建省教育厅基础教育处〔2017〕66 号文件规定的三维程序式编程软件,它继承 20 世纪 70 年代开始风靡全球教育界的 LOGO 语言"海龟绘图"的思想精髓,利用命令控制"小海龟"移动,实现图形的绘制。LogoUp 3D 将LOGO 由二维拓展到三维空间,引入现代语法和 Scratch 式的积木设计,实现专门面向 3D 打印的复杂结构和自由曲面的设计。它通过"绘图"的方式来学习编程,图形给予了编程直观体验和设计目标,是培养学生创客精神和计算思维的一个得力工具。

　　实验教学在中小学信息技术学科之前已有初步应用,但信息技术的定位只是实验工具,随着《普通高中信息技术课程标准(2017 年版)》的实施,特别是在每个模块的"教学提示"中提出了开展实验教学或相关实践活动,在基础装备中提出了"设立能满足各模块教学需要的信息技术教室和信息技术实验室"的新要求,同时对信息技术实验室提出了数量、功能、配置等具体要求,信息技术学科的实验教学将面向本学科核心素养和育人价值。从不同的角度对信息素养提供了有效支撑,笔者相信,信息技术学科的实验教学将不再是零星探索而是成为面向全体学生、面向学科的具体要求,并为提升信息素养提供教学保障,为培养创新人才提供本学科的具体实施途径。

第五节　信息技术教育教学平台展望

　　2018 年 4 月 25 日,教育部印发《教育信息化 2.0 行动计划》指出:建设泛在开放的学习环境,提供丰富的数字教育资源,构建处处能学、时时可学的智能化平台。随着技术的进步、科技的发展，互联网信息技术运用在各个行业与各个领域之中，当然也运用在了教育的课堂中。融合创新，探索形成"互联网＋教育"条件下教育教学新模式，在信息技术课，我们就探索利用平台进行教学。

一、信息技术与教学变革的平台

在信息技术与教学变革阶段，建立了信息技术学科主题社区平台。

信息技术学科主题社区平台，是一种在线社区＋学习管理系统，是专门化信息技术课程，是信息技术与教学变革阶段学习知识而建立的。高中学生除了学习知识还需要什么呢？学习操作：有条理地使用工具、学具。学习合作：友好对待同伴，主动在团队中担任具体任务。学习思考：可以用操作、模拟、解释、比方等多样的方式表达自己的困难和观点。学习倾听：了解他人与自己的不同，而不是只顾自己的发言。为什么学习需要帮助建立关联平台？因为人与人，就是以一个大脑和另外一个大脑之间建立的平台为桥梁，其实就是一个大脑向另一个大脑学习，大脑的通路越多，大脑观看世界的触角越丰富。

在 5G 时代，通信网络技术与物联网、云计算和人工智能等智能技术融合发展，渗透应用于社会各个领域，也推动着教育生态的变革。5G 技术正在逐步进入云 VR/AR、车联网、智能制造、智慧能源、无线医疗、无线家庭娱乐、联网无人机、社交网络、个人 AI 辅助和智慧城市等应用领域，初步形成 5G＋智慧校园、5G＋智慧教室、5G＋直播教学、5G＋全息教学、5G＋VR 教学、5G＋仿真实验等新型教育应用场景。5G 通信技术为云计算、大数据、人工智能、物联网等基础设施的融合提供强有力支撑，为智慧学习环境的构建、新型教育和教学模式的实施提供基础通信条件。建设泛在开放的学习环境，提供丰富的数字教育资源，构建处处能学、时时可学的智能化平台。发展基于互联网的教育服务新模式，整合线上线下资源，创新服务模式，为信息技术教育和终身学习提供丰富的教育资源，构建安全有序的教育信息化环境。

在信息技术学科主题社区中，让学生思考："我是怎么学会的？""别人是怎么想的？"通过信息技术学科主题社区设计多样的学习活动，多样的学习方式，鼓励学生用多样的方式表达自己的想法，帮助学生认识到差异性和多样性，我们在教学当中不仅要帮助孩子建立知识间的关联，还要帮助孩子建立自我和认知的关联,与别人是怎样思考的建立关联。

二、信息技术与教学融合平台

在信息技术与教学融合阶段,建立了福鼎一中教学教研互动平台,是基于 MOODEL 平台进行辅助教学,进而达到师生互动,生生互动。

福鼎一中教学教研互动平台是一种信息技术与教学融合的平台,是供项目学习理论与案例使用,是信息技术与教学融合阶段为双线导演项目教学项目而建立的。线上导演项目教学部分是在福鼎一中教学教研互动平台上完成的。福鼎一中教学教研互动平台设有学科课程教学专区、教研组教研活动专区、教师优秀课例展示专区、信息技术平台学习专区、班级管理课程专区、年级管理工作专区 6 个功能板块,平台界面简洁,并可以根据需要调整,板块设置可自主添加或删除。比如,目前为适应信息技术学科的教与学方式的变革实践,我们在平台上增设"导演教学网络版"专区。

为使平台更具功能性和实效性,我们十分重视平台的互动性。在设计开发过程中,尽可能使平台既能让教师灵活地配置课程活动论坛、测验、资源、投票、问卷调查、作业、聊天、专题讨论等,也能让学生对课程进行分类和搜索,按自己的需要学习课程。这样在教师和学生之间建立一个无障碍的互动空间,让教师与学生彼此间共同探讨,合作解决问题。在学习过程中,通过师生互动、生生互动,创设一个无障碍的互动空间,开辟一条畅通的互动渠道,最终实现"集体智慧"。这种互动在教学活动中,也使师生之间相互协作,并根据自己已有的经验共同构建知识系统。平台的互动功能也使校园教育教学资源库建设、升级和扩容实现常态化,教师可以通过自己的权限,灵活添加各类教育教学资源;学生可以通过自己的权限,在平台上搭建专属于自己的知识管理系统,存储所学的各学科资源,更好地对自己的学习内容进行管理。

特别是平台所提供的测验方法进行了各种测试题的设计,如计算、论述、匹配、完形、选择、填空及数字题型等,经设计可以更加多元化地考查学生的掌握情况,实现了无纸化测试,师生均可对考试结果进行查看,学生可及时查看教师的分析结果,教师也可综合分析学生个体及整体的掌握情况。通过定量、定性相结合的方式,每个评分下均给出质化的语言评论及量化的分数,不仅了解了学生学习过程各要素之间的关系情况,更对其学习结果进行了量化比较,对学生进行了全面的评价。

三、信息技术技能与工具的移动平台

由于互联网技术飞速发展，早期建立的信息技术学科主题社区平台、福鼎一中教学教研互动平台，已经不适应课堂教学，而且技术力量有限，引进和利用先进的教学平台是大势所趋。经观摩名师课堂，参与新媒体新技术课堂教学，引入 UMU 互动学习平台。

引进采用 UMU"效果学习"智能化互动学习平台，利用现有的信息技术技能与工具，为开发数字化材料服务，特别是"效果学习"智能化互动学习平台，在信息技术教学中被广泛应用。

（一）利用 UMU 平台项目探究，拓展信息思维

积极开展基于 UMU 平台的信息技术学科互动教学策略，以核心素养为导向构建智慧课堂，探究基于 UMU 互动平台培养学生核心素养的教学策略研究，打造高效智慧课堂。

自 2015 年成立以来，UMU 通过学习科学和学习技术的有效结合，专注打造"效果学习"的智能化互动学习平台，实现了平台与教学的高度契合。以效果为导向的学习项目设计与体验，很快受到了众多教师的青睐。UMU 指向学习效果，专注于移动互联网时代应该如何教、如何练、如何学以致用。通过强大的课程设计与学习项目功能，UMU 在教、学、练、用的 4 个环节提供工具和方法论支持，让学生有效学习，充分互动，反复练习，获得反馈，让学习项目不但有学习参与率与时长，更有行为转变与绩效转变。在技术上，UMU 有强大的支持能力，支持直播教学和同时考试。UMU 还提供了基于 AI 的即时反馈功能，帮助学生在视频练习的过程中获得 AI 反馈，这一技术广泛应用于话术练习和与他人打交道的软技能类沟通表达练习/项目学习。"效果学习"智能化互动学习平台，在信息技术课教学上，老师将信息技术和现实生活中项目紧密结合，并积极引导学生通过对所选的项目，在互动学习平台进行探究分析，解决问题。将项目学习的应用体现得活灵活现，拓展了学生的信息思维，培养了学生的信息技术核心素养。

（二）利用 UMU 平台项目学习，提升学习能力

利用 UMU 互动学习平台，应用项目式学习方式，以学生生活中非常熟悉的应用系统作为项目任务，让学生在兴趣中去完成项目学习，提高了

教学效率,有效地促进了学生信息素养的提升。进入信息时代以来,技术开始与教育逐渐融合,教育信息化发展取得了突破性进展。当前课改基于网络大数据,以建构主义学习理论为依据,信息技术打造的智慧课堂、智慧教育是当前教育信息化研究的一个新的热点,是信息技术与教育教学深度融合的产物,有助于信息技术教育教学平台的搭建。学生能够有效地利用UMU课程,在教师的引导下自主学习,动手实践,探究对比,引申拓展,达到提升学生核心素养的目标。

(三)打造 UMU 效果学习课程的步骤

第一步,学习效果的评价。学习效果的评价有 4 个层次:了解、理解、记忆和应用。达到了解的层次,学生只是听过、看过,是被动式的学习。达到理解的层次,需要学生充分学习,能用自己的话进行知识表达。达到记忆的层次,要求学生能从长时记忆中提取相关知识。达到应用的层次,学生能在实际场景中运用相关技能,产生行为改变。效果学习不仅仅需要教师将图、文、音频、视频提供给学生,达到了解的层次,更需要学生通过提问与讨论、封闭式和开放式问题的考试练习、视频训练和接受反馈辅导,达到理解、记忆和应用的层次。

第二步,整理已有课程素材。教师将一节课视频、文档课程素材以小节为单位进行整理归类。以广东教育出版社《数据与计算》第二章第二节"数学化学习与创新"这节课程素材为例,我们可以分别将"数字化工具与资源""数字化工具与资源的优秀""数字化学习的特点"设计为 3 个小节,在 UMU 课程页建立与这 3 个对应的"小标题",作为视频和图文上传的小节。归纳整理好课程后,可以按照整理好的思路,将视频或文档上传到UMU 上。

第三步,创建课程。登录 www.umu.cn,点击"我的课程"进入课程页,然后点击右上方的黄色按钮"创建课程"。填写名称后点击"下一步",课程就创建好了。点击页面上方"课程资源",选择"我的文档"上传文档类课程素材,选择"我的音视频"上传音视频类课程素材。上传完毕后,回到"我的课程",点击右上角"添加课程小节",选择已上传的视频或文档,修改名称,点击完成按钮,就完成了视频和文档小节的制作。

第四步,提问、问卷。深入互动,教学反馈。整理并上传完视频和文档,实现了课程的基础架构。但 UMU 绝不仅仅是课程文稿、视频的平台,在 UMU,可以将原有课程全面升级。通过在 UMU 的重新设计,形成一系列互动性强、学习效果好的课程，进而构建一个完整的学习项目。学生看完视频和文档后，不一定完全学会，可能对知识还有一些疑问。添加提问小节，让学生提出自己的问题，教师可以根据热点问题随时进行微课回复，或在之后的课程进行针对性讲解。在课程中添加问卷小节，了解学生信息和学习状态，收集学生对课程的反馈。问卷可以是结构化的，也可以是量化的，可以作为线上课程教师和学生之间沟通的渠道。

第五步，考试、作业。除了问卷和提问小节，教师还可以添加考试、作业小节来检验学习效果，这样，我们就将原有的视频和文档制作成了一门内容丰富、互动性强、学习效果好的课程。课堂练习，学以致用。

第六步，学习项目。除整合课程、方便管理外，教师还可以创建学习项目，将制作好的课程聚合其中，方便整理、分享课程，也便于学生学习。

四、网络学习空间人人通

（一）网络学习空间意义

2018年4月，教育部发布《网络学习空间建设与应用指南》，指出"更加规范有序地推动'网络学习空间人人通'发展，切实加快教育信息化进程"。"网络学习空间人人通"是"三通两平台"的重要组成部分，是构建网络化、数字化、个性化、终身化的教育体系与推动教育教学模式创新的有效途径。为贯彻《国家教育事业发展"十三五"规划》《新一代人工智能发展规划》精神，落实《教育信息化"十三五"规划》中提出的"基本建成人人可享有优质教育资源的信息化学习环境""创新'网络学习空间人人通'的建设与应用模式，拓展信息时代教学、管理与服务方式"的要求，推动网络学习空间的深入发展，规范网络学习空间的建设与应用，促进教学方式与学习方式变革，创新教育服务模式与管理体制机制。

（二）网络学习空间内涵

网络学习空间是融资源、服务、数据为一体，支持共享、交互、创新的实名制网络学习场所。其内涵有6点：第一，空间建设与应用的根本目标是引领教育服务模式创新，促进教育体制机制变革，推动教育信息化升级转型，适应教育现代化发展要求。第二，空间建设与应用的基本任务是提供教育应用服务，引入行业、机构等社会资源，支持教育教学模式创新，促进教育公平,提高教育教学质量。第三,空间建设与应用的重要内容是聚合学习过程和教育管理数据,开展学情分析和学习诊断,精准评估教学效果,提供个性化学习服务,支持精细化管理和科学决策,推动人工智能在教学、管理中的应用。第四,空间的核心属性是共享、交互、共创,基本特征是个性化、开放性、联通性和适应性。第五,空间的基本构成包括个人空间、机构空间、集成的公共应用服务和数据分析服务等。第六,空间建设与应用的基础是无障碍获取空间服务的网络和终端接入条件。

(三)空间建设与应用目标

(1)重构学习环境。建立人人皆学、处处能学、时时可学的泛在学习环境,适应信息化条件下的教与学需求,推动正式学习与非正式学习融合,实现有效支持个性化、适应性学习的智能化学习支持环境。

(2)优化资源供给。通过利用教育资源公共服务平台、企业与社会教育资源,共享智力资源等方式,汇聚适应区域教育发展需求的优质资源,缩短资源生成、进化周期,支持个性化资源推送,实现精准服务,创新资源供给模式。

(3)变革教学模式。落实以学生为中心的教育观,改变传统教育教学流程,实现线上线下相结合,支持自主、合作、探究学习,促进教学方式从以教为主向以学为主转变,从单一、被动的学习方式向多样化、个性化的学习方式转变。

(4)重塑评价方式。跟踪监测教与学全过程,由结果导向的单一评价扩展到综合性、过程性的多维度评价,实现基于数据的综合素质评价,从注重评价的筛选功能扩展到注重评价的诊断、激励与预测功能。

(5)创新服务模式。从面向群体共性需求的规模化、无差别供给,转变为面向个体定制需求的精准化、智能化、个性化、适应性供给,创新教育服务供给渠道、手段和内容,形成多元教育服务并存的良性供给模式。

(6)提升治理水平。落实立德树人根本任务,提升教育管理水平,促进教育管理业务重组、流程再造,建立智力资源共享、社会资源准入的监管评价机制,促进教育治理体系和治理能力现代化,探索体制机制改革,适应信息时代的教育发展需求。

(四)空间建设与应用原则

(1)需求导向,统筹规划。面向教育整体发展战略与需求,明确空间建设与应用的目标和任务,在统一标准和规范指导下进行统筹规划。做好与已有系统的整合,做好与教育资源公共服务平台、教育管理公共服务平台的对接,汇聚应用数据。

(2)明确职责,协同合作。规划并改造组织管理体系,包括组织机构、政策规范、管理机制等,明确各级教育行政部门和相关主体在空间建设与应用中的职责,分工协作,确保空间建设与应用的可持续发展。

(3)开放服务,创新应用。面向多样化教育需求,在遵循空间建设与应用共性规律的基础上,秉持开放服务理念,不断丰富教育服务类型,创新空间应用模式,关注空间建设与应用实效。

(五)空间建设与应用流程

空间建设与应用流程包括规划与设计、建设与部署、应用与推广、管理与维护等环节。

(1)规划与设计。规划与设计是在需求分析的基础上,确定空间的建设目标、总体架构和建设方式等。规划与设计要素包括教育发展战略、现状分析与诊断、建设目标、组织机构、建设内容、实施策略与进度、经费预算和保障措施等。

(2)建设与部署。建设与部署要区域、学校整体推进,可通过自主研发、委托研发、购买服务等形式进行,采用私有云、公有云等方式进行部署,保证网络、计算、存储等服务能力稳定可靠、可弹性扩展,在数据、身份认证和应用服务 3 个层面进行系统集成。

(3)应用与推广。应用与推广要采取灵活手段和多种策略,推进信息技术与教育教学深度融合,促进教育服务模式和体制机制创新。空间应用与推广的内容主要包括建设空间应用培训体系,组织空间普及应用活动,凝练、推广空间应用典型案例等。

(4)管理与维护。管理与维护要建立组织机构,制定规章制度,完善流程,提升管理与维护人员能力,加强公共服务管理、数据管理、用户管理及安全管理,保障空间的稳定运行。

(六)信息技术教师与网络学习空间

信息技术教师理应以网络学习空间建设与应用为示范,信息技术要转变教学模式,运用人人通网络空间的资源和工具,实现师生、生生的互联互动,课本文本与网络文本的互补互证,课堂生态更具多维度,提升教学效能。信息技术教师要提升运用网络空间授课能力,信息技术支撑、引领学科教学,提升教学效果。信息技术教师要运用好网络空间这一工具来达到教学目标,不能为信息技术而信息技术,要发挥人人通的资源丰富、互动互联、延展教学时空的优势,为提升课堂效率、育人效能服务。

五、基于网络学习空间开展项目式教学

教育部提出"全国一体系、资源体系通、一人一空间、应用促教学"的目标,信息技术教师应发挥网络学习空间对教育教学活动的支撑作用,充分利用现代化信息,以网络空间人人通平台为载体,引领和见证学生、老师、学校的共同发展。下面就基于网络学习空间开展项目式教学进行阐述。

网络学习空间的频道设置有我的教学、我的班级、我的管理、我的研训、其他教学应用、我的主页。其中,我的教学频道有教材资源、课前导学、同步备课、互动课堂、在线检测、课后作业共 6 个应用并在该模块下展示。其他教学应用频道可添加其他教学应用,满足信息技术教师个性化的教学需求,内容有 100 多项,包括一师一优课、同步备课、在线检测、互动课堂、课后作业、微课通、教学助手、家校帮、网络教研、互动电影、微课 100 等。人人通空间与应用融合比较有特色的地方有以下几点:

(1)"人人通＋教学助手"。福建省平台教学助手由 WEB 端、PC 端、手机端组成,围绕课程教学闭环,融教材资源、课前导学、同步备课、互动课堂、在线检测、课后作业为一体,基于教育云平台面向区域与教师空间、学生空间、家长空间,以及手机客户端(家校帮)互联互通,为学校提供贯穿课前、课中、课后全流程常态化和个性化的一站式云智慧教学服务。通过体系化的互动资源、学科化的教学工具、趣味化的互动课堂、智能化的云端一体、统一化的用户体系,满足教师进行一站式多样化的智慧教学需要,提升学校整体信息化教学水平,提高教师备课效率和教学质量,改善课堂师生互动效率和效果。

(2)"人人通＋网络教研"。网络教研将常规教研与网络结合起来,以网络为平台,实现常规教研网络化,网络教研常规化,解决教研中的常见问题,提高教研工作针对性和实效性,主要包括集体备课、评课议课、主题研讨、在线互动等功能,为校本集备提供方便。

(3)"人人通＋互动电影"。互动电影是一个简单易用的在线动画课件制作工具,内置海量场景、角色、道具素材,搭载智能语音及动画模板、图像

文本、旁白音效等教学所需功能模块，并可设置互动问题，提高视频课程的趣味和互动性。

（4）"人人通＋微课100"。微课100是以课程为中心，集成网络"教""学""育"三位一体，汇聚全国顶级名师资源，利用互联网技术，为教师、学生、家长提供全新的学习、交流和共同提高的学习体验。

（一）开通福建省教育资源公共服务平台的账号

由学校管理员统一注册开通教师的账号和学生的账号。对教师：用自己账号登录后进行设置，设置内容有个人资料姓名、身份证号、性别、所在学校、岗位职称、主教学科、任教教材、任教班级。对学生：用自己账号登录后进行设置，设置内容有个人资料姓名、身份证号、性别、所在学校、所在班级。也可用手机端访问本班级学生和老师的空间。

（二）基于网络学习空间开展项目式教学设计

教师：发布空间主题、进行空间装扮，并准备资源和文章。第一步，将实施项目教学制订的实施方案发布在网络空间上。第二步，对学生进行评价总结。

学生：视频观摩、论坛交流、疑难解答，能利用数字化的工具进行体验学习，并完成项目探究报告，梳理交流并在评论区提交个人观点。初步了解数据数字化的原理。

（三）师生互动方面

师生互动网上评课，将自己的项目作品上传到网络学习空间。作品展示交流时，与其他组同学交流、评价总结。

（四）网络学习空间教学反思

利用网络学习空间的建设与应用来教学。一方面，考虑网络学习空间内涵、建构，另一方面，考虑资源共享和管理，转变教学方式、课程重构与开发、家校互融。重构学习环境、发展需要，建设物理空间、资源空间、社区空间，实现虚拟融合，走向教学无边界形态。优化资源供给，应用、生成优质教育资源，变革教学模式。

"人人通＋项目式学习"是信息技术核心素养培育的一种途径。

附　录

表 A.1　笔者使用信息技术课教材历程

时　间	教　材	出版社
1992 年	高级中学选修教材《计算机教程（PC 机版）》	人民教育出版社
1995 年	福建省中学计算机课本（试用）等级考试指导用书《计算机文化基础》《BASIC 程序设计基础》	福建教育出版社
2000 年	福建省中学计算机课本（试用）《计算机文化基础（WINDOWS 版）》	福建教育出版社
2001 年	福建省《中学信息技术（高中第一册）》《中学信息技术（高中第二册）》	福建教育出版社
2003 年	全日制普通高级中学教科书（实验本）《信息技术（第一册）》《信息技术（第二册）》	人民教育出版社
2006 年	普通高中课程标准实验教科书信息技术（必修）《信息技术基础》、信息技术（选修）《数据管理技术》	广东教育出版社
2020 年	普通高中教科书信息技术必修一《数据与计算》、必修二《信息系统与社会》	广东教育出版社

表 A.2　笔者探索信息技术课教学模式历程

时　间	课程标准	教学模式	评价方法
1994 年	《中小学计算机课程指导纲要（试行）》	边讲边练	
1997 年	《中小学计算机课程指导纲要（修订稿）》	边讲边练	计算机等级考试
2000 年	《中小学信息技术课程指导纲要（试行）》	任务驱动	学业基础会考
2003 年	《普通高中信息技术课程标准（2003 实验版）》	小组合作	学业基础会考

续表

时　间	课程标准	教学模式	评价方法
2017 年	《普通高中信息技术课程标准（2017 年版）》	导演 3＋1	学业基础会考
2020 年	《普通高中信息技术课程标准（2017 年版 2020 修订）》	项目学习	学业水平合格性考试

表 A.3　笔者使用信息技术课教学平台历程

时　间	教学平台	平台作用
1995 年	信息技术学习社区	在社区中不仅存在学习者与媒体界面的交互，也存在学习者与学习资源的交互、学习者之间的交互，最终实现学习者新旧概念的交互。社区应提供多种学习活动来促进社区的管理和成员的交流，提供多种学习资源及其检索工具，提供个别化学习方式和协作化学习方式等
2000 年	福鼎一中互动教研平台	平台具有功能性、实效性、互动性。平台既能让教师灵活地配置课程活动——论坛、测验、资源、投票、问卷调查、作业、聊天、专题讨论等，也能让学生对课程进行分类和搜索，按自己的需要学习课程。这样在教师和学生之间建立一个无障碍的互动空间，让教师与学生彼此间共同探讨，合作解决问题。在学习过程中，通过师生、生生互动，创设一个无障碍的互动空间，开辟一条畅通的互动渠道，最终实现"集体智慧"。这种互动在教学活动中，也使师生之间相互协作，并根据自己已有的经验共同构建知识系统（如 WIKI 活动）。平台的互动功能也使校园教育教学资源库建设、升级和扩容实现常态化，教师可以通过自己的权限，灵活添加各类教育教学资源；学生可以通过自己的权限，在平台上搭建专属于自己的一个知识管理系统，存储所学的各学科资源，更好地对自己的学习内容进行管理
2003 年	UMU 互动学习平台	UMU 赋能培训工作者和教育工作者，通过学习科学与学习技术，让学员爱上学习、学以致用
2020 年	线上线下混合的项目学习方法	线上基于网络学习空间开展项目学习的实践研究，是以学生为突破口，将学生的项目过程在网络学习空间体现，利用网络学习空间这个"载体"，为学生人人通提供了协作交流场所，丰富了校园网络文化，实现了"网络资源人人通"是以教师为突破口，教师打破时间、空间的限制，随时随地为学生指导，同时也丰富了教师的网络学习空间内容，也为教师信息化专业成长提供了案例。在新一轮课程改革中，为项目学习有效开展提供支撑

表 A.4　信息技术课项目展示评价量规

项　目	优	良	中	差	评　价
展示效果	生动有趣,引人入胜	语言表达清晰,能清楚介绍演说内容	语言较为流畅,基本能表述完演说内容	语言多停顿,表达不清晰,演说沉闷	
演示文档效果	紧扣主题内容,整体效果一致	色彩搭配合理,图文混排良好	基本内容完整,结构较为合理	离题,内容不完整,图文比例严重失调	
内容安排	话题有特色,可行性高	话题内容安排恰当	话题元素基本齐备	话题元素残缺不全	

表 A.5　信息技术课教学项目单

　　　　　　　　　　　　　　　　　　　年　月　日　星期(　　)

项目内容		班级:	教师:		第(　　)组
本组主题					
本组组员	组长:　　　　　　组员:				
角色	角色活动				对角色评价
老师	将项目学习内容,变成学生讨论的主题,小组分工明确,合作良好,能运用共同智慧和个人特点完成任务,对内容适当旁白补充。				
主持人	主题健康,内涵丰富,编辑工具使用合适,作品呈现项目,要点突出。自我介绍,并介绍本组组员,阐述本组的主题,为什么采用这个主题,是如何做出本期作品的?				
组员 1	各组组员介绍自己分工的部分,谈谈自己的感受、启发和碰到的困难,学会什么,还想学习什么。				
组员 2					
组员 3					
组员 4					
组员 5					

表 A.6 信息技术课项目学习评价单

年　月　日　星期（　　）

教学项目				班级		教师			第（　）组	
组别	主持人	组员1	组员2	组员3	组员4	组员5	项目主题	文档	内容	综评
第 1 组										
第 2 组										
第 3 组										
第 4 组										
第 5 组										
第 6 组										
第 7 组										
第 8 组										
第 9 组										
第 10 组										
第 11 组										
第 12 组										

表 A.7　学生项目学习实施手册

20＿＿＿级高＿＿＿年段(　)班　　　　项目组编号＿＿＿＿＿＿＿

指导教师:＿＿＿＿＿　　　　　　　　项目组长:＿＿＿＿＿

项目开题报告和研究方案(表一)

项目名称					
项目单位		项目组长		指导老师	
项目组成员					
主导学科		相关学科		项目组编号＊	
项目背景简要说明					
项目目的意义					
项目实施计划和步骤	任务分工	实地调查:＿＿＿＿＿＿ 网上查询:＿＿＿＿＿＿ 总结论文:＿＿＿＿＿＿		访问专家:＿＿＿＿＿＿ 书面资料:＿＿＿＿＿＿ 发倡议:＿＿＿＿＿＿	
	活动步骤	阶　段　时　间　　　　主要任务　　　阶段目标 第＿＿阶段 第＿＿阶段 第＿＿阶段			
	活动形式和场所	**形式:**实地调查(地点):　　　　　　访问专家学者(对象): 　　　网上查询(内容):　　　　　　书面资料查询(内容): 　　　实验与制作/其他: **场所和设备:**图书馆:＿＿＿＿＿＿　实验室(设备):＿＿＿＿＿＿ (校内/外)　交通工具:＿＿＿＿＿＿　其他(如网络等):＿＿＿＿＿＿			
预期成果		□论文　□调研报告　□制作模型　□实验报告　□其他			
表达形式		□文本　□图片　　□实物　　□音像资料　□其他			

项目研究过程与记录(表二)

预期步骤	活动实录
指导老师意见	

项目成果（表三）

成　果　概　述

项目研究中采集的资料、参考文献目录(表四)

项目研究中采集的资料	
项目研究中的参考文献目录	
其他资料	

项目学习报告登记表（表五）

班级		姓名		学号	
项目标题					
指导教师			合作者		
个人角色	□负责人　□参与者		具体任务		

报告摘要	
感受体会（活动中的酸甜苦辣）	
指导老师意见	

表 A.8　信息技术课项目学习典型案例材料

材料类别	项目学习报告(负责人：吴江闽)
作品标题	福鼎白茶生长优越的自然条件和独特的加工工艺
具体任务	我们对福鼎的白茶产地分布和独特的加工工艺进行了调查研究

项目学习步骤

1.分组、分工：分别进行上网查询、查阅书籍、实地查看、问茶艺师等。2.对收集的资料进行筛选，选取最有用的信息。3.对信息进行整编，整理出一篇报告。

报告主要内容

一、地理环境

先介绍茶树普遍的最适生长条件，再依次列举福鼎茶叶。福鼎市位于福建省东北部，地处闽浙交界的东海之滨。地理坐标介于北纬 26°52′至 27°26′，东经 119°55′至 120°43′之间。地势是西北高，东南低，地势呈东北、西北、西南向中部和东南沿海波状倾斜。除滨海一带有少数的低山、平地外，大多数海拔在 500～800 米，乃至 1000 米以上。东西宽 79.3 千米，南北长 57.4 千米，海岸线长；陆地面积 1461.7 平方千米，海域面积 14959.7 平方千米，山丘地约占陆地总面积的 91%，盆谷平原约占 9%。气候条件属中亚热带季风气候区，海洋性气候特征明显，年平均温度 18.5 ℃，年降雨量 1669.5 毫米，年相对湿度 80%，山区平均无霜期 228 天。土壤有红壤、黄壤、紫色土和冲积土，pH 值在 4.0～6.3 之间，普遍在 5.0 左右，质地为壤黏土，有机质含量高达 1.58%～2.33%。域内除沿海地带的土质，大部分的土壤适合茶树生长。透过上述的自然条件介绍与分析，最终得出结论。

二、加工工艺

(一)白毫银针和白牡丹工艺流程：鲜叶→萎凋→烘焙→毛茶→拣剔→复焙→成品茶。

(二)加工工艺

1.萎凋：

(1)室内温、湿度：采用自然萎凋工艺的春茶，萎凋温度 15～25 ℃，夏秋茶温度 25～35 ℃。加温萎凋室内温度 25～35 ℃。

(2)萎凋时间：正常气候的自然萎凋总历时 40～60 小时；加温萎凋总历时 16～24 小时。

(3)萎凋终点时的萎凋叶含水量为 18%～26%。

(4)萎凋程度：萎凋芽叶毫色银白，叶色转变为灰绿或深绿；叶缘自然干缩或垂卷，芽尖、嫩梗呈"翘尾"状。

2.拣剔：高档白茶应拣去腊叶、黄叶、红张叶、粗老叶及非茶类夹杂物；中档白茶应拣去腊叶、黄叶、粗老叶及非茶类夹杂物。

3.烘焙:烘焙次数 2～3 次,温度 80～110 ℃,历时 10～20 分钟。

三、新工艺白茶

(一)工艺流程

鲜叶→萎凋→(轻揉)→烘焙→毛茶→整形→拣剔→复焙→成品茶。

(二)加工工艺

1.萎凋:一般自然萎凋需 24～48 小时,室内加温萎凋 12～18 小时,萎凋槽加温萎凋 8～10 小时。萎凋叶一般失水 26%～30%。

2.轻揉捻:一般春季茶青轻揉 3～5 秒,夏秋季茶青视情况适当延长。

3.烘焙:烘焙温度 100～130 ℃。

其实在福鼎生长的特色茶叶还是十分多的,这里只是举了一些最具有代表性的白茶,所谈到的资料还是屈指可数。以后的学习中将会学到更多的关于植物种植的环境,为着力解决福鼎的茶叶种植、发展、销售、前景做出贡献。

表 A.9　笔者解读《普通高中信息技术课程标准(2017 年版)》与
《普通高中信息技术课程标准(2003 实验版)》

课　标	《高中信息技术课程标准(2017 年版)》	《普通高中信息技术课程标准(2003 实验版)》
解读培养目标	信息素养,强调构建具有时代特征的学习内容,兼顾理论学习和实践应用,将知识建构、技能培养与思维发展融入运用数字化工具解决问题过程中,让学生体验知识的社会性建构,成为具有较高信息素养的公民	信息素养,重在信息技术技能的掌握与应用
解读课程的目标和要求	以学科核心素养的分级体系为依据,旨在提升学生的信息意识、计算思维、数字化学习与创新和信息社会责任	掌握基本的信息技术技能,学会运用信息技术促进交流与合作,明确信息社会公民的权利与义务、伦理与法规,为适应未来学习型社会提供必要保证
解读课程的内容和结构	必修、选择性必修和选修 3 类课程共 10 个模块组成。其中,必修模块为"数据与计算"和"信息系统与社会",共 3 学分 54 课时,并以此作为学科学业水平合格性考试依据	必修、选修 2 类课程共 6 个模块组成。其中,必修一个模块为"信息技术基础",共 2 学分 36 课时。选修共 5 个模块,每个模块 2 学分 36 课时,学生在信息技术科目必须取得 4 个学分才能获取高中毕业资格

续表

课　标	《高中信息技术课程标准(2017年版)》	《普通高中信息技术课程标准(2003实验版)》
解读课程的编排和设计	新课标从数据、数据采集、数据分析以及如何利用大数据来获取有用信息出发，通过列举生活中常见的信息技术应用案例，让学生了解隐藏在数据背后的重要信息。课程的编排和设计更贴近学生需求	在持续经历信息技术的基础上，形成个性化发展，追求自由与信息文化的能力
解读教学方式	项目学习。学生在教师引导下发现问题，以解决问题为导向开展方案设计、新知学习、实践探索，具有创新特质的学习活动	任务驱动。让学生在密切联系学习、生活和社会实际的有意义的"任务"情境中，通过完成任务来学习知识、获得技能、形成能力、内化伦理
解读评价方式	评价应围绕信息技术学科核心素养展开，所选择的评价维度要能充分体现学生的信息技术学科核心素养。要求学生参加水平学业水平合格性考试	综合运用各种过程性评价方式，全面考查学生信息素养的养成过程，要求学生参加学业基础会考

参考文献

[1]肖胜阳.在计算机课程教学中开展项目教学法的研究[J].电化教育研究,2003(10):72-76.

[2]徐福荫.普通高中信息技术新课程改革与实践研究[J].电化教育研究,2005(12):32-37.

[3]韩忠强,王世军,董玉琦.关于高中信息技术课程实施的调查与分析[J].课程·教材·教法,2005(11):61-66.

[4]陈光名师工作室.高中信息技术创新教学[M].福州:海峡出版发行社,2015.

[5]黄纯国,殷常鸿.信息技术环境下的项目学习研究[J].中国电化教育,2007(5):74.

[6]匿名.基于问题学习和基于项目学习的案例和区别[EB/OL].(2016-09-17)[2020-09-10].https://wenku.baidu.com/view/954f9ed8e2bd960591c6779c.html? from=search.

[7]吴静.项目教学法与任务驱动教学法的异同比较[J].北京工业职业技术学院学报,2011,10(3):79-82.

[8]李小涛,高海燕."互联网+"背景下的 STEAM 教育到创客教育之变迁——从基于项目的学习到创新能力的培养[J].远程教育杂志,2016(1):30-38.

[9]谢作如.开源硬件项目设计[M].杭州:浙江教育出版社,2019:1-2.

[10]刘海斌.基于项目的学习在高中信息技术教学中的应用探究[J].中小学电教,2017(6):66-70.

[11]余文森.核心素养导向的课堂教学[M].上海:上海教育出版社,2017.

[12]核心素养研究课题组.中国学生发展核心素养[J].中国教育学刊,2016(10):1-3.

[13]解月光,杨鑫,付海东.高中学生信息技术学科核心素养的描述与分级[J].中国电化教育,2017(5):8-14.

[14]王琳.基于建构主义的高中数学教学设计的研究[D].呼和浩特:内蒙古师范大学,2007.

[16]黄堂红.中学信息技术课堂教学设计[M].北京:科学出版社,2013.

[17]任辉.项目学习背景下小学机器人课程中驱动性问题的生成研究[J].中国现代教育装备,2019(12):67-72.

[18]李中亮.信息技术时代下成人教育学构建研究[J].河北大学成人教育学院学报，2019(2):19-24.

[19]徐福荫.信息技术数据与计算[M].广州：广东教育出版社,2019:1-146.

[20]张伟斌,吴旋州.利用学情分析数据提升教学有效性的实践探索[J].基础教育参考,2018(23):43-44.

[21]马文杰,鲍建生."学情分析"：功能、内容和方法[J].教育科学研究,2013(9):52-57.

[22]柳夕浪.从"素质"到"核心素养"——关于"培养什么样的人"的进一步追问[J].教育科学研究,2014(3):5-11.

[23]汪健梅.创设教育环境,高效培养人才[J].师道：教研,2011(6):115.

[24]马宴苹.浅谈教学准备过程中的核心要素[J].商情,2015(14):176.

[25]叶澜.重建课堂教学过程观——"新基础教育"课堂教学改革的理论与实践探究之二[J].教育研究,2002(10):24-30.

[26]祝智庭,樊磊,高淑印,李峰.普通高中教科书信息技术数据与计算教师教学用书[M].北京：人民教育出版社,2019:4-54.